거대 중국의 공룡 쇼핑몰

타오바오에 직접 상품팔기

최채환

경춘사

거대 중국의 공룡 쇼핑몰

타오바오에 직접 상품팔기

지은이 최채환
발행인 안중기
발행처 도서출판 경춘사
편 집 디자인통
등록번호 제 10-153(1987.11.28)

인 쇄 2009 년 04 월 15 일
발 행 2009 년 04 월 30 일

서울특별시 마포구 공덕 1 동 117-25
경춘빌딩 101 호

전 화 716-2502, 714-5246
팩 스 704-0688

값 7,000 원

ISBN 978-89-5895-069-1 10320

프롤로그

우리나라는 세계 어느 나라보다도 파란만장만 역사를 가지고 있다. 그것은 역설적으로 말하면 우리나라의 지성학적 위치는 그야말로 세계가 부러운 위치이기 때문이라고 본다. 세계 2위 시장인 일본을 가장 가까이 접하고 있고 세계 최대 시장으로 떠오르는 중국을 옆에 두고 있다. 세계의 경제 중심이 되어가는 아시아의 중심에서 대중 문화를 주도하고 인터넷 문화를 주도하고 있다. 문화적으로나 지리적으로나 언어학적으로 가장 중국시장 일본 시장을 파고들기에 가장 유리한 조건을 가지고 있다.

우리나라에서 중국은 절대로 포기 할 수 없는 시장이다. 성공 확률이 아무리 작더라도 서로 정보를 공유하고 경험을 나누고 다시 도전하고 다시 도전해야 할 시장이다. 가장 가까이 가장 접근하기 유리한 위치에서 실패가 두려워서 포기한다면 우리에게는 영원히 기회가 없다고 본다.

소득의 크기나 행복의 크기는 나라의 크기와 관계없다. 중국은 일본을 상대할 때 한국과 가까운 척 하려고 하고 일본은 중국과 상대할 때 한국과 가까운 척 하려고 한다. 우리는 지혜롭게 경제실리를 챙길 수 있는 위치에 있다. 이제 세계는 정치적 소속보다는 경제적으로 어느 나라 시장 인 것이냐가 더 중요한 시대가 되었다. 광개토대왕 시절의 고구려, 해동성국이라는 이야기를 들을 때의 발해 땅을 생각하자. 그리고 인터넷의 시대에 중국인의 가정 가정에 우리상품을 팔면서 우리 시장으로 개척해 나가야 할 것이다.

중국의 타오바오는 입점비도 수수료도 받지 않고 외국인도 상점을 낼 수 있도록 완전히 오픈하고 있는 거대한 시장이다. 우리나라 상품이 품질과 디자인 면에서 앞서 있고 중국인이 선호하고 있다. 따라서 적극적인 공략이 필요하다.

이 책은 타오바오에 들어가서 직접 판매하려고 하는 분들의 접근에 기본적인 방향을 제시하고자 썼다. 여러 가지 정보를 모아서 묵직한 책을 만들기 보다는 필요한 정보만 신속하게 제공하자는 취지였던바 많은 분들의 도움이 되길 바랄 뿐이다. 끝으로 북경 도움을 주신 북경 수도사범대학의 曹忆湘 교수님께 깊은 감사를 드린다.

2009. 3. 저자

거대 중국의 공룡 쇼핑몰

타오바오에 직접 상품팔기

- 차　례 —

제5장 타오바오에서의 마케팅 전략

제6장 직접판매를 위한 방법

제1장 중국, 중국인

1. 중국인은 누구인가

중국에 대해서 안다고 이야기를 하고 중국인에 대해서 안다고 이야기를 하는 것은 어리석은 사람이다. 북경에서 태어나 북경에서 계속 살고 있는 교수에게 다른 지방에 대해서 물어본 적이 있다. 그 교수의 대답은 나는 북경 사람이라서 중국의 다른 지방은 잘 모른다는 답변이 가장 먼저 나오는 이야기였다. 이렇듯 거대하면서도 복잡한 중국에 대해서 이야기 한다는 것 자체가 조심스럽고 어려운 일이지만 몇 년간 북경에서 중국인들과 지내면서 우리가 비즈니스를 하기 위해 상식적으로 알아야 할 중국인과 우리의 접근 방식을 살펴보기로 하자.

(1) 13억 시장을 생각하지 말자

흔히들 중국은 우리나라 70년대 수준이다, 아직 어떤 상품이 팔리려면 멀었다, 사고방식이 어떻다, 실패 확률이 90%도 넘는다 등등으로 이야기 하는데 이것은 13억의 중국 전체를 두고 하는 말이다. 어떤 상품이나 서비스를 팔려고 중국에 진출한 경우 13억을 다보고 갔다면 문제이다. 왜 13억을 모두 걱정 하는가. 상위 5%만해도 약 7천만인데 이 사람들만 상대로 생각하고 마케팅 전략을 수립해도 충분히 어마어마한 시장이다. 아마 후진타오 주석도 13억 모두에게 맞추어서 정치를 하지는 않을 것이다. 우리는 내 상품 내 서비스를 팔기 위해서 상위 3%면 3%, 상위 5%면 5%를 목표로 그들의 생활, 그들의 라이프 스타일을 연구할 것이지 아직도 화장실에 문이 없다는 등 세수도 안 한다는 등의 이야기는 할 필요가 없다는 것이다. 시장은 구매력이 있을 때 시장이다. 13억을 걱정하지 말고 내 상품을 이해하고 구매할 수 있는 계층만을 생각하자.

(2) 중국 전문가는 한국에 다 있다.

한국에서 중국 진출에 전략에 관한 세미나가 있고 나서 중국인이 그 자료를 보고 웃으면서 자기도 모르는데 한국에서 더 잘 안다고 하면서 잘못된 부분을 지적한 적이 있다. 필자는 섣불리 안다고 하지 말자는 제안을 하고 싶다. 이것이 맞다 이런 방법으로 접근해야 한다고 해버리면 다른 지역에서 그 방식이 안 맞으면 차라리 모르는 편이 나았을 수도 있다. 흔히 처음에 중국을 간 사람들이 중국인에게 한국을 어떻게 생각하냐고 묻는다. 그러면 무슨 대답을 원하는지 아는 중국인은 한국이 이런 이런 점이 좋다고 이야기해 줄 것이다. 그러나 많은 경우 생각을 안 한다고 답변한다. 이런 사람들이 솔직한 사람이다. 사천성 하나만으로도 인구가 1억인데 조그만 주변국가 그것도 남북으로 쪼개어진 4천만 남한만을 놓고 이야기를 해달라고 하니 생각을 안 한다고 이야기하는 것은 그들 입장에서 보면 당연하다. 따라서 섣불리 안다고 고정관념을 심어준다거나 한국에 대한 자존심은 반드시 가지되 확인하려고 들지 말자.

(3) 문화는 비교하지 말자

한번은 레스토랑에서 서비스 때문에 싸움이 벌어진 적이 있다. 동행했던 중국인 친구는 어쩔 수 없이 우리들 편을 들었지만 그 레스토랑에서 나오면서 한 이야기가 "문화는 비교하지 마라. 비교하면 안 된다" 는 말을 했다. 순간 여기는 중국인데 내가 한국식으로 한국 수준의 서비스를 요구 했던 자신의 모습을 발견하고 부끄러웠던 적이 있다. 여름날 거리에서 웃통을 벗고 돌아다니는 것도, 화장실에 중간벽이 없는 것도, 잠옷을 입고 산책을 하는 것도, 잘 씻지 않는 것도 모두가 그들의 문화이다. 문화는 어느 나라가 낫고 어느 문화가 우월하다고 할 수가 없다. 수 천년을 내려온 전통이 그 대로 나타나 있는 것도 많다. 우리 선조가 물려준 지혜로운 전통과 문화들은 감사하고 자존심을 가지고 지켜가되 다른 나라의 문화를 우리 문화와 비교하지 말자. 중국 생활 중에 짜증내고 힘들어할 때 우리 문화에 맞는 것을 요구하고 있지는 않는지 반성해볼 일이다.

(4) 중국인은 느린 것이 아니다.

흔히들 중국인은 만만디이다. 중국인은 느리다고 이야기한다. 그러나 이것은 겉만 보고 판단한 잘못된 상식이다. 이것은 사람을 믿지 않기 때문에 상대방을 더 떠봐야 하고 사람을 저울질해봐야 하기 때문에 판단을 미루고 시험하고 있다는 증거이지 실제로는 절대로 느리지 않다. 다시 말해서 돈이 된다는 확신이 서면 절대 우리보다 빠르면 빨랐지 느리지 않다. 지금이 기회다. 이것은 돈이 된다는 확신이 서면 밤에 집으로 찾아가는 것도 현금으로 돈을 준비하는 것도 지속적으로 전화를 하고 물고 늘어지는 것도 무척 빠르다. 단지 속내를 드러내지 않을 뿐이다. 중국인은 느리다 만만디다 라는 것은 돈이 되면 절대 그렇지 않다고 해야 할 것이다.

(5) 꽌시에 대한 올바른 인식을 하자.

흔히들 꽌시(關係)라고 하면 인맥 또는 줄대기 등을 의미한다. 중국의 개방초기에 중국을 다녀온 사람치고 장군과 식사를 했다는 등, 성장, 부성장, 시장, 부시장 등과 식사를 했다는 등의 이야기와 함께 우리는 좀처럼 하지 않는 일이지만 식사 후에 사진을 찍은 것을 자랑하기도 했다. 군의 계급장을 우리와 같이 해석하고 별이 달렸다고 장군이라고 해석한 웃지 못할 경우가 지금도 종종 있다. 분명히 꽌시는 중요하다. 그러나 정부 차원의 프로젝트도 아닌 사업에 고위층을 안다고 해도 부탁할 일이 없을 것이다. 지금 회사마다 회사를 움직이는 이사, 부사장, 사장들은 대부분 천안문 사태 이후에 졸업한 40대 전후이다. 정치 개혁의 한계를 느끼고 정치참여는 외면하고 경제에만 집중하는 세대들이다. 지금의 60대 이상은 대학을 나왔다고 하면 대부분 공산당 출신, 공무원 출신이다. 현기증이 나게 경쟁하는 지금에 방해는 할 수 있어도 도움을 줄 수 있는 능력이 없는 경우가 많다. 따라서 중국에서 꽌시를 만들고 활용하려면 30대, 40대의 젊은 실무자들을 위주로 구축해 나가는 것이 현명하다.

(6) 현지인을 활용하는 것은 진리이다.

전세계 어느 국가를 비롯하고 다른 나라에서 사업을 한다면 현지인을 내세워서 해야 한다는 것은 진리이다. 상품이나 서비스를 사용할 사람들이 그들이며 결국 돈을 벌어줄 사람들이 그들인데 돈을 벌어서 베풀지 않고 가져만 간다면 어느 민족 어느 나라가 좋아 하겠는가. 반드시 현지인을 고용하고 현지인을 활용해서 문제를 해결하고 수익도 그들과 같이한다는 마음 자세는 반드시 필요한 기본 덕목이다.

(7) 조선족 교포는 한국인이 아니고 중국인이다.

전세계에서 우리 교포가 가장 많이 사는 곳의 하나가 중국이다. 영어에 비해 오랫동안 중시하지 않았던 중국어라서 중국어를 하는 인력 자체가 많지 않았기 때문에 개방 초기에 중국에 사는 교포들의 통역과 번역 등은 많은 도움이 되었다. 그러나 많은 경우가 교포는 한국인을 헐뜯고 한국인은 교포들을 헐뜯거나 좋지 않은 모습으로 헤어지는 경우가 자주 있다. 우리말을 하고 우리와 같은 모습의 한 핏줄이지만 그들이 자라온 문화적인 환경은 중국이다. 당연히 중국의 문화가 체득되어온 중국인임을 알아야 한다. 중국 교포는 우리 민족이지만 중국인이라는 것을 올바르게 인식하면 서로가 헐뜯는 일도 서로가 서운해 하는 일도 훨씬 줄어들 것이다.

(8) 중국인은 사귀기 어렵고 쉽게 변하지 않는다.

모두가 아는 사실이자만 중국인은 의심이 많고 쉽게 마음을 열지 않는다. 친구가 되기까지는 적어도 1년은 지켜본다. 중국인이 보는 한국인은 한국 사람은 급하다, 말만 앞세운다, 겉치레만 번지르르 하다 등의 부정적인 시각이 매우 크다. 이것은 우리한테만 그런 것이 아니라 어느 나라 어느 민족한테도 마찬가지이다. 중국이 중심이라는 중화사상의 자존심의 때문이라고 보여진다. 한번 사귀기가 그만큼 어려운 것이 사실이지만 한번 신뢰를 가지고 마음을 허물고 나면 정말 변하지 않고 오래 가는 것이 중국 사람인 것은 사실이다. 따라서 중국에서 사업을 함에 있어서 중요한 것은 얼마나 오래 살았느냐가 중요한 것이 아니라 이런 친구들이 한 명이라도 있느냐 없느냐가 가장 중요하다.

(9) 한류는 허상을 보지 말고 실상을 보자.

중국에서 한류라는 것은 한국에서 한국의 기준으로 보면 대단한 것이라고 하더라도 중국의 시각에서 보면 별것이 아닌 경우가 대부분이다. 한국의 연예인이 대단한 인기로 영향력이 확대 되어 간다면 이것은 중국의 지도자들이 볼 때에는 우려하고 견제하려는 반문화적인 것이다. 필자도 한류 스타를 사외 이사로 위촉하여 중국 내 영업에 활용하려고 한적이 있으나 한국의 한류 스타는 10만 명을 모은다면 대만의 인기연예인은 100만 명을 모을 수 있고 비용은 훨씬 싼 것을 보고 포기를 한적이 있다.

(10) 衣食住

우리는 인간 생활에 필요한 것을 衣.食.住로 이야기 하지만 중국인에게 있어서 그 순서는 食.住.衣 이다. 그만큼 먹는 것을 중요시하고 그 다음에 잠자고 쉬는 집을 그 다음에 옷을 중시한다. 전세계에서 가장 다양한 요리를 즐기는 민족이 중국이고 그 다음이 프랑스라고 하는 것, 중국의 부자들이 외모로는 전혀 판단할 수 없다는 것 등이 이런 사실을 잘 말해 준다. 이러한 의식과 문화 속에서 먹는 것은 푸짐하게 먹도록 하고 외모는 검소한 것이 튀지 않고 동질감을 줄 것은 당연한 것이다.

2. 포기할 수 없는 시장 중국

우리나라에서 중국은 절대로 포기 할 수 없는 시장이다. 성공확률이 10%도 안되었더라도 서로 정보를 고유하고 경험을 나누고 다시 도전하고 다시 도전해야 할 시장이다. 규모 면에서 세계에서 가장 큰 시장이 될 것이 뻔한데 가장 가까이에서 가장 접근하기 유리한 위치에서 실패가 두려워서 포기한다면 우리 민족에게는 선진국의 꿈도 일류국가의 꿈도 없다.

(1) 문화적으로 가장 유리하다.

중국과 문화적으로 가장 가까운 나라는 당연히 한국이다. 이미 홍콩은 합해졌고 대만도 당연히 중국의 한 성으로 생각하니까 중국입장에서는 외국이 아니다. 그렇다면 중국의 한 문화권에서 가장 문화적으로 거리가 적은 나라는 당연히 한국이다. 필자는 대학다닐 때 우연히 대학 밖에서 주역 강의를 듣고 필사본으로 교재를 가지고 있었다. 북경에서 중국인과 만났을 때 주역을 공부했다고 하면 믿지 않는 눈치였다. 그러나 현재의 중국어인 간체보다 훨씬 복잡한 번체로 된 주역 책을 보여주면 태도가 달라지는 것을 보았다. 그 주역을 집대성한 공자는 저들의 선조이지만 저들은 모르고 있음에 머쓱해 하는 모습을 볼 수 있었다. 우리는 한때 몇 년간 한자를 배우지 않은 세대가 있었지만 기본적으로 한자를 알고 있다. 그리고 동양 사상의 뿌리가 몸에 배어있다. 따라서 우리는 가장 문화적으로 거리감 없이 파고들 수 있는 유리함을 가지고 있다.

(2) 지리적으로 가장 유리하다.

인터넷 비즈니스가 활성화 될수록 국경의 개념이 희박해 짐은 물론 인터넷으로 일어나는 거래는 무관세화가 되면서 자연스럽게 FTA와 같은 자유 무역으로 갈 것이다. 지금도 신용장으로 하는 국가간 무역에는 정확하게 관세가 부과되고 정확한 통계가 잡히지만 인터넷 전자상거래에는 정확한 통계조차 불가능하다. 지금도 각국의 게이머가 동시에 접속하는 온라인 게임에는 미국의 페이팔(Paypal) 같은 결제가 통용되고 있지만 정확하게 국가별 세금이 부과될 수가 없다. 결국 인터넷으로 경제의 주체가 기업에서 개인으로 옮겨갈 것이며 전세계가 자유무역으로 점차 나아갈 것이다. 그렇다면 가장 큰 시장 중국에서 지리적으로 가장 가까운 한국은 인터넷으로 얼마든지 중국의 개개인에게 상품을 보내고 각각의 가정에 상품을 팔기에 가장 유리한 위치에 있는 나라이다. 이것이 또한 중국시장을 절대 포기할 수 없는 이유이다.

(3) 정서적인 공감대

일본과 중국이 어떤 교류단체를 만든다거나 어떤 모임을 만든다면 한국이 반드시 참여하기를 중국도 바라고 일본도 바란다. 일본은 중국과 거래할 때 한국 사람이 중간에 서게 되면 당연히 좋

야한다. 우리가 일본을 미워할 수밖에 없는 역사를 가지고 있고 중국도 마찬가지이다. 그리고 중국이 일본을 싫어하는 것은 우리보다 더 심하다. 결국 일본이 중국을 미워할 때 한국이 편이 되어주기를 바라고 중국도 마찬가지이다. 우리는 이것을 지혜롭게 활용하여 경제적으로 실리를 챙기는 것이 현명하다. 국가간의 질서는 오로지 힘의 논리일진대 양국의 정서적으로 한국이 좀더 가깝다고 생각하는 것을 이용하여 중국을 이길 때 일본을 이용하고 일본을 이길 때 중국을 이용하는 지혜가 필요하다.

(4) 언어적으로 유리하다.

우리 한글은 일본어가 표현 못하는 받침이 얼마든지 자유롭게 표현 가능하다. 그리고 중국의 뜻글자가 표현 못하는 의성어나 의태어, 외래어 등이 얼마든지 표현 가능하다. 반면에 높임말 낮춤말 등이 있어서 우리말을 한국인처럼 하기까지 배우려면 결코 쉽지 않다. 가끔씩 영어나 중국어 일본어로 상담한 후 우리끼리는 우리말로 정리를 하고 우리들만 통할 때는 정말 세종대왕이 고맙다는 생각을 하게 된다. 언어적인 측면에서 우리가 중국어를 배우기가 더 쉬운 것도 중국 시장을 포기해서는 안되는 이유 중에 하나이다.

(5) 고구려와 발해를 생각하자

비즈니스를 하는 대부분의 사람들 대부분은 잊고 지내지만 중국에서 사업을 하려는 사람들은 반드시 고구려의 광개토왕 시절의 지도와 발해가 해동성국이라는 이야기를 들을 때의 지도를 한번씩 볼 필요가 있다. 현재의 세계 질서는 경제전쟁이다. 각국의 대통령도 구체적인 세일즈로 직접 전투에 나서는 상황이다. 그렇다면 정치적으로 어디로 투표하느냐 보다 경제적으로 어느 나라에 속한 시장이냐가 더욱 중요하다. 북경의 동북부에 발해진(渤海

镇)이 있다. 어느날 발해진의 진장과 식사를 하면서 발해라는 나라가 있었다는 것을 아느냐고 물었으나 전혀 모르고 있었다. 옛날 고구려 땅의 민족들 발해 땅의 민족들은 우리민족이었다. 정치적인 것은 제쳐두고 우리의 시장으로 만들어야 할 것이다.

<그림 1> 광개토왕 당시의 고구려

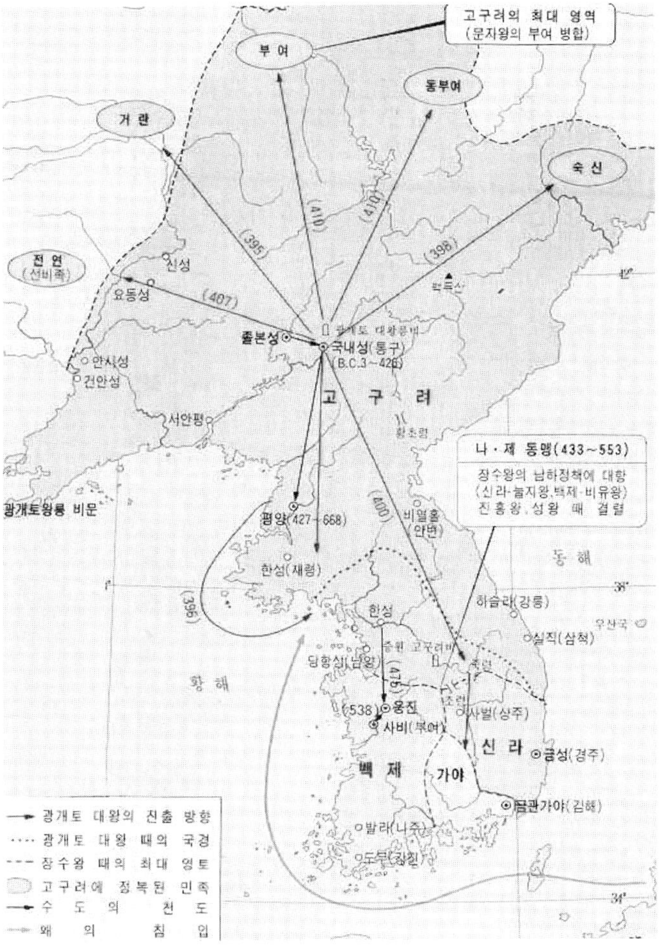

<그림 2> 발해 5경 당시의 발해

제2장 중국의 인터넷 시장

1. 세계최대의 인터넷 시장

2008년 6월 중국의 인터넷 이용자수는 미국을 제치고 세계 1위가 되었다. 2008년 12월 현재 중국의 인터넷 이용자수는 2억 9,800만 명으로 전년대비 41.9%가 증가하였고 인구 4명중 1명이 인터넷을 이용하고 있다(CNNIC발표). 〈표 1〉에서 보는 바와 같이 인터넷 인구의 증가는 2007년 이후 급성장 추이를 보이고 있다.

<표 1> 중국 인터넷 이용자 수 변화 추이

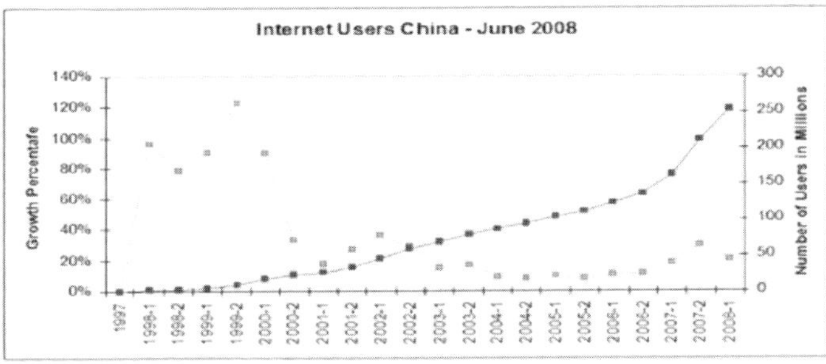

<출처 : searchenginejournal.com>

그러나 중국의 이러한 인터넷 인구의 규모는 〈표 2〉에서 보듯이 인터넷 보급률이 22.6%로 아직 전세계 평균 21.9%와 비슷한 수준밖에 안 된다는 점에서 앞으로의 성장은 무궁무진할 것임을 예측할 수 있다(2008.12월 현재, CNNIC 자료). 인터넷 보급률이 미국은 72.5%, 일본은 73.5%, 한국은 70.7% 인 것을 감안하면 중국의 인터넷 보급률이 70%에 육박하면 인터넷 사용자가 얼마나 될 것인가는 짐작이 간다.

<표 2> 중국과 일부 국가 인터넷 보급률(%) 비교

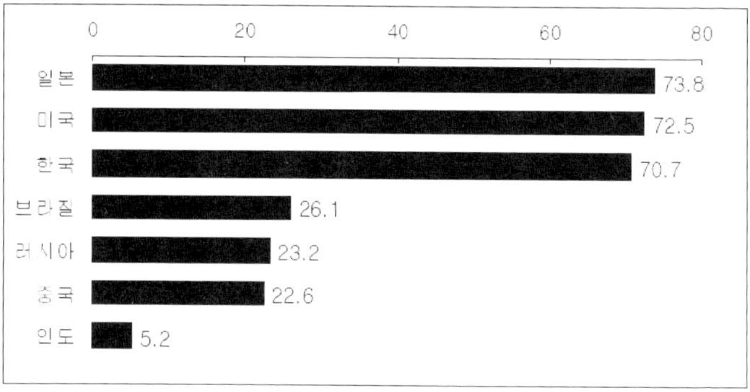

<출처 : CNNIC>

인터넷 활용에 있어서 중국인이 인터넷을 통하여 뉴스를 보는 비율은 81.5%로 미국 71%, 한국 67.1%에 비해서 더 높다. 그리고 중국의 인터넷 전자상거래시장은 지난해 불경기 속에서도 높은 성장세를 보이고 있다. 세계적인 시장조사 기관인 IDC 중국연구원이 최근 발표한 '중국전자상무서비스업백서'는 2008년 중국의 인터넷 전자상거래 거래액은 총 392조원(1조9,510억 위안, 1위안=200원)으로, 그 중 B2B는 20% 성장, B2C와 C2C는 각각 30%의 높은 성장을 유지했다. IDC는 "많은 사업자들이 경제가 어려지면서 점포비와 인건비 등을 절약할 수 있는 전자상거래시장에 관심을 보이며 뛰어들고 있다"고 분석하며 "중국 전자상거래시장은 향후 5년간 매년 빠르게 성장하고, 많은 일자리도 만들어 낼 것이다"고 전망했다. 이 밖에도 IDC는 올해 중국의 전자상거래시장 규모를 약 401조원(2조51억 위안)으로 예측했으며, 향후 2년간 28%의 성장률을 보이며 발전해 중국 경제성장을 이끌 것으로 전망하고 있다.

2. 한국상품을 어떻게 생각할까

일반적으로 중국인에게 있어서 한국상품은 명품은 될 수 없다. 그냥 한국상품은 품질과 디자인이 좋은 상품이다. 중국인도 중국 상품을 저가 상품, 값싸게 사서 쉽게 사용하고 버리는 상품으로 생각한다. 화장품의 경우 한국 상품에 대한 신뢰도가 매우 높다. 중국인도 중국 브랜드를 신뢰하지 않는다. 원료라도 한국산 정도는 되어야 인정을 하고 있다. 패션 상품의 경우 많은 상품들이 중국에서 생산된다는 것을 알고 있다. 그리고 이제는 "Made in China" 상품이라도 한국 브랜드이면 중국 시장에는 없고 한국에서 기획해서 중국에서 생산해온 상품이라는 것을 안다. 중국인들이 한국에 여행 와서 옷을 살 경우 "Made in Korea" 상품을 살려고 라벨을 확인하는 모습을 자주 본다. 디자인이 좋고 특히 색상에서 차이가 있다는 것을 인정한다. 이태리 브랜드의 경우 "Made in Italy"를 확인하면 명품이거나 명품 수준의 상품으로 인정을 하는 것이 대부분이다.

북경에서 택시를 타면 외모와 태도에서 벌써 한국인임을 직감한다. 한국인임을 확인하면 그 다음에 하는 이야기는 대부분 한국은 인구가 중국의 한 성보다도 적은 작은 나라라는 이야기를 한다. 아무런 대꾸를 하지 않아도 말이다. 그것은 역설적으로 이야기 하면 마음속으로는 한국이 작지만 앞서있고 상품 등의 수준이 중국보다 높다는 것을 인정하는 것이다.

그러면 중국인들에 대한 한국상품의 마케팅 전략은 중국 상품보다는 높은 가격으로 품질과 디자인이 우수하고 믿을 수 있는 상품이라는 인식으로 접근하는 것이 유리하다. 가격이 비싸지만 상품의 원료나 표시를 믿을 수 있고 디자인과 색상이 좋은 품질 좋은 제품으로 말이다.

제3장 타오바오에 입점하기

I. 왜 타오바오인가

(1) 시장점유율

북경의 정망컨설팅회사(北京正望諮問會社)는 2007년 2월에 중국내 베이징, 상해, 광주, 무한, 성도 등 5개 도시를 상대로 중국 인터넷쇼핑 조사" 보고서를 발표하였다. 조사결과 2006년 베이징, 상해, 광주 세 도시주민 중 총 400만 명이 인터넷쇼핑을 했고 그 중 약 290만 명이 중국 내 최대 온라인쇼핑사이트인 타오바오(淘寶網 www.taobao.com) 를 이용한 것으로 나타났고 90여만 명이 이베이(易趣 www.ebay.com.cn) 를 이용, 30만 명이 파이파이(拍拍www.paipai.com) 를 이용해 쇼핑한 것으로 나타났다. 이외에도 당당(当当www.dangdang.com) 을 이용한 네티즌이 90만 명 수준이고 조요(卓越 www.joyo.com) 를 이용하여 쇼핑한 네티즌이 80만 명에 달하는 것으로 나타났다. 한편 최대규모의 온라인 쇼핑몰인 타오바오는 C2C, B2B 를 포함한 중국 내 인터넷 쇼핑몰의 2/3의 시장을 차지하고 있는 것으로 나타났고 C2C인터넷 쇼핑 시장의 80% 이상을 차지한 것으로 나타났다.

조사결과에 따르면 베이징, 상해, 광주 3개 도시 네티즌의 인터넷쇼핑비율이 2005년의 25.5%에서 2006년에는 30.8%로 상승한 것으로 나타났다. 그리고 무한과 성도의 네티즌의 온라인 쇼핑 이용률은 24.8%에 달하는 것으로 나타났다. 베이징-상하이-광주와 무한-성도의 개인인터넷쇼핑 운영자중 38.3%와 34.4%운영자의 이윤이 해당 지역 직원 평균임금수준을 초과하는 것으로 나타났다.

베이징, 상하이, 광주 세도시의 인터넷쇼핑 이용자중 구매품목

1위 제품은 "도서와 음향제품" 인 것으로 나타났는데 전체 구매 제품의 48.2%를 차지했고 B2C의 경우에도 도서와 음향제품이 85.3%를 차지하는 것으로 나타났다. 그 다음으로 인기 있는 품목은 패션제품과 화장품이었는데 전체 이용자의 31.1%와 25.6%를 차지한 것으로 나타났다.

조사 결과 소규모 인터넷쇼핑몰의 운영자의 절대 대부분은 전문종사자가 아니거나 겸직으로 운영하는 것으로 나타났다. 베이징, 상해, 광주의 경우는 좀 달랐는데 온라인 쇼핑몰의 운영자의 10%가 전문종사자 혹은 기업체에서 운영하는 것으로 나타났다. 그리고 전체 온라인쇼핑몰의 70%는 1인이 직접 운영하는 것으로 나타났고 20%는 가족과 친구의 도움으로 운영되고 기타 경우는 파트너와 합작하거나 사람을 고용해서 운영하는 것으로 나타났다. 조사 결과 베이징-상해-광저우 소규모 온라인쇼핑몰 운영자의 48.6%가 이윤을 창출하고 무한-성도는 운영자의 69.9%가 이윤을 창출하는 것으로 나타났는데 이들의 월평균 이윤은 2,230위안과 776위안인 것으로 나타났다.

결론적으로 중국에서 B2C, C2C 판매를 하고자 한다면 이미 시장 점유율 80%가 넘는 절대강자가 되어 버린 타오바오를 이용하는 것이 가장 현명한 것이다. 아마 어느 누구도 B2C, C2C 시장에서 타오바오를 추월할 수 없는 위치로 자리 매김을 했다고 보여진다.

(2) 무료의 열린 시장

무엇보다 우리 한국의 판매자 들에게 매력적이고 반드시 타오바오에서 판매를 하려고 하는 이유는 언제까지 갈지는 모르지만 입점비도 없고 수수료도 없는 완전히 열린 무료의 시장이라는 점이다. 오프라인에서 국내의 유명 백화점에서 판매나 온라인에서 오픈마켓과 포털 사이트에서의 판매는 판매수수료가 높아서 박리다매로 이익을 추구하는 인터넷 쇼핑몰 상품으로는 이익을 내기가 여간 어려운 것이 아니다. 일본도 최대의 쇼핑몰 라쿠텐(樂天 www.rakuten.com) 은 물론 대부분의 쇼핑몰이 입점비를 받거나 수수료를 받고 있다. 결국 유통 채널을 주도하는 채널 캡틴은 이들이고 이들은 절대 손해보지 않는 사업을 하기 위해서 그리고 양적으로 많이 팔 수 있다는 점을 이용하여 갑(甲)의 위치에서 수수료를 높여가기 때문에 갈수록 판매자는 자기의 이익보다 갑(甲)의 이익에만 기여하는 결과가 된다. 거리상으로 중국에서 가장 유리한 위치에 있는 우리나라 판매자 들로서는 반드시 입점비, 수수료가 없는 타오바오에서 판매를 시도해 볼 가치가 있는 것이다.

(3) 원화 가치의 하락

2008년 말 원화 환율의 증가와 위엔화 가치의 상승으로 1위엔에 200원대까지 오른 환율은 이제 다시 120원대로 떨어지는 일은 없을 것이다. 전세계가 위엔화 가치의 상승 압력을 넣고 있고 중국은 미국의 금융 위기를 기회로 위엔화의 세계 통화로의 도약을 꿈꾸고 있기 때문이다. 2009년 3월에는 홍콩과의 무역에 위엔화를 결제 통화로 한다는 발표도 있었다. 환율이 200원대를 유지하면 중국의 도매상에서 판매하는 도매가격이나 한국의 청평화 시장 등에서 판매하는 도매 가격이 거의 같다. 이미 광조우의 도매상들은 같은 가격에 품질과 디자인이 우수한 한국 상품을 받아서 판매하기를 원하고 있고 우리나라 도매시장에서의 구매를 늘려가고 있다. 따라서 한국 상품의 중국 소비자에게 직접 판매는 1년 전과 비교해서 훨씬 유리한 입장에 있다. 우리는 이것을 기회로 IT 강

국답게 한국에서 중국 소비자의 안방으로 직접 상품을 판매하면서 실리를 챙기도록 하여야 할 것이다.

(4) 성장성과 안정성

타오바오의 모기업은 역시 인터넷 무역 즉 국가간 B2B에서 세계최대 쇼핑몰인 알리바바(www.alibaba.com) 이다. 이 역시 급성장을 하고 사이트로 2009년 3월에는 세계적인 금융위기로 중소기업이 어려워 지자 60억 위엔(약 1조 2천억원)의 중소기업 지원자금을 내놓기도 했다. 또한 이 회사는 2007년 순이익이 9억 6,700만 위엔(약 1,960억원)으로 전년대비 340% 증가하는 등의 성장을 하고있다.

중국의 CCTV에서 예측한 2008년 타오바오의 예상매출은 100 Billion RMB(약 20조원)이었다. 미국발 금융위기와 북경올림픽 이후에 경기 침체로 다소 못 미치는 결과를 기록 한 것으로 알려지고 있지만 앞으로의 성장가능성은 무궁 무진하다고 보여진다. 타오바오의 결재를 담당하는 자회사는 즈푸바오(支付宝 www.alipay.com)이다. 알리바바의 거래 일부와 타오바오의 거래 대부분의 결제를 전담하고 있어 미국의 이베이(www.ebay.com)와 페이팔(www.paypal.com)의 관계와 같은 역할을 하고 있다. 그리고 2008년 6월에 서비스를 시작한 알리마마(www.alimama.com)는 알리바바와 타오바오의 광고 전담 회사이다. 중국의 중소기업을 위한 전국적인 방송을 목표로 작은 웹사이트들을 통합하여 광고는 패키지화 하되 내용은 사용자별로 맞춤 서비스를 한다는 목표의 회사이다. 알리바바, 타오바오, 즈푸바오, 알리페이 등 모두가 세계의 공장 중국의 비중에 힘입어 세계 최강을 향해 가고 있는 것을 볼 수 있다.

2. 타오바오 둘러보기

〈그림 3〉은 타오바오(淘宝)의 초기 화면이다. 이미 중국 내 B2C, C2C의 절대 강자이며 경쟁상대는 미국의 이베이(www.ebay.com)이다. 입점비 수수료를 아직도 받지 않으며 전세계에서 타오바오를 통해서 무슨 상품이든지 기업이든 개인이든 거대한 중국시장에 자유롭게 팔 수 있다고 홍보 하고 있다. 아마 언젠가는 수수료를 받기 시작하겠지만 아직은 안받고 있다. 이 기회에 한국 상품이 타오바오 상품의 주력이 되고 한국의 생산자와 개인이 중국의 개개인을 상대로 어떠한 상품이든지 파는 Marketplace로 활용할 필요가 있다. 규모에 비해서 사이트의 구조나 솔루션의 설계, 사진의 사이즈나 품질 등이 아직 한국과 다른 수준이지만 앞에서 말했듯이 이것을 비교하지 말고 하나의 문화로서 인정할 것이며 중국의 표준이 되어 갈 것임에 틀림없다

<그림 3> 타오바오 초기화면

〈그림 4〉는 타오바오의 월드몰이라고 할 수 있다. 상품의 종류에 관계없이 국가에 관계없이 모든 상품을 다 팔겠다는 야망이 보인나. 미국, 프랑스, 일본, 영국을 독립 배너로 처리하고 나머지 국가를 기타로 묶었지만 중앙의 배너에는 한국 상품점이 오픈 했다는 것이 보인다. 미국, 프,랑스, 영국 등은 구색으로 미래를 향한 포석이고 한국 상품은 실제로 팔리는 상품으로 여기는 타오바오의 태도가 엿보이는 부분이다.

<그림 4> 타오바오 월드몰

〈그림 5〉는 한국점 페이지이다. 각국의 코너를 역이나 정거장의 의미로 쓰이던 站이라고 쓰는 것이 특이한데 앞으로 중국의 인터넷 쇼핑몰에서 많은 회사들이 따라 할 가능성이 크다. 원형부분을 보면 한국 연속극, 송혜교, DECO, THE FACE SHOP, MISSHA 등 별도 클릭으로 개별 브랜드로 들어갈 수 있도록 처리하고 있다. 앞으로 이 부분에서 한국 브랜드들의 자리싸움이 심해질 것으로 보인다.

그리고 왼쪽의 배너는 "변신, 나도 한국의 여주인공이다"는 카피를 쓰고 있는데 한국의 드라마에서 나오는 인기 연예인들 따라 하기가 유행임을 감지 할 수 있다.

<그림 5> 타오바오 한국점

〈그림 6〉은 입점한 한국 브랜드들이 보이는 페이지다. 벌써 중국에서 많이 알려진 한국의 대홍몰(DAHONG)은 한국에서는 몰의 이름인 줄 모두 알고 있지만 중국에서는 브랜드화 되었다고 하겠다. THURDAY ISLAND, ON&ON, BASIC HOUSE, ZOOC, W, doubleudot 등 발빠른 브랜드들이 보인다. 점차 시간이 갈수록 패션플러스에서 보이는 브랜드들이 여기에서도 보이기 시작할 것이다. 한번 제작한 컨텐츠를 국내에만 사용할 이유가 없다. 똑 같이 중국의 사이트에도 중국의 소비자도 사겠다면 안 팔 이유가 없기 때문이다.

<그림 6> 한국브랜드

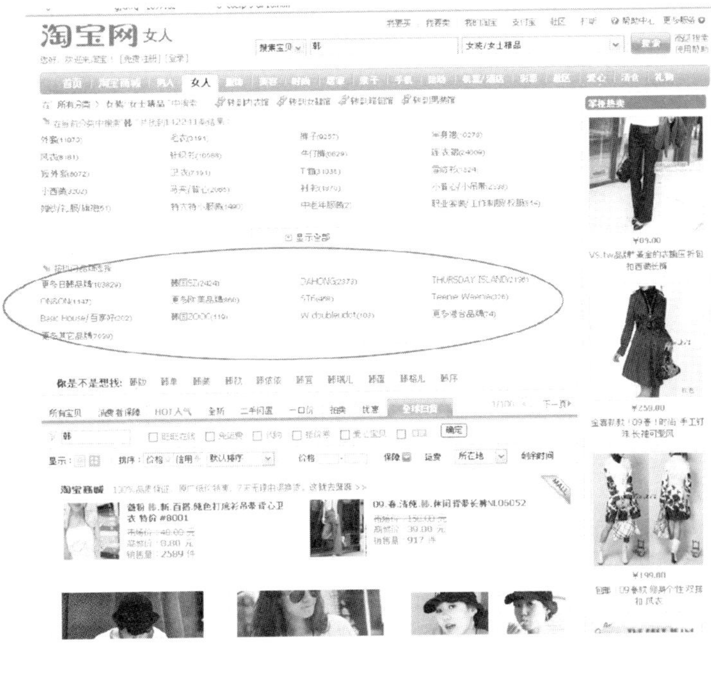

〈그림 7〉은 송혜교 상품이라고 모아놓은 것이다. 초상권 시비를 의식해서 송혜교의 사진을 쓰는 것을 자제하고 그림처럼 사진을 한 장 곁들이거나 깜박이 배너로 처리하며 초상권 시비는 피해가되 소비자에게는 송혜교가 연속극에서 착용했던 것과 같은 상품이라는 것을 인식시켜 줄려고 애를 쓰고 있다. 모두가 송혜교가 착용했던 제품으로는 보이지 않지만 연속극에서 나온 한두 개로 나머지 것으로 광고하려는 전략이 보인다. 결국 한국의 연속극이 중국에서 반영되기 시작하면 그 연예인들이 입었던 옷이나 액세서리, 심지어 가구나 침장류 등등 즉시 타오바오 사이트에 올리고 판매하는 전략이 필요하다.

<그림 7> 송혜교 상품

중국에서 유행하는 한국 음식 중에서 돌솥밥의 인기는 갈수록 더해 갈 것이다. “정일미” 라는 돌솥밥 체인이 빠른 속도로 퍼지고 있고 최근에는 조선족 교포가 운영하는 한국음식점 “한라산” 에서 북경을 시작으로 별도의 브랜드로 “한라산 돌솥밥” 체인을 운영하기 시작했다. 돌솥밥은 특히 젊은 여성들 사이에서 살이 찌지 않는 건강식으로 알려져서 갈수록 인기는 더해갈 전망이다.

〈그림 8〉은 이러한 유행에 부응하여 한국의 돌솥밥용 돌솥을 바오바오 에서는 벌써부터 팔고 있다는 것을 보여준다. 물론 김치를 파는 코너도 있다. 이렇게 모든 종류의 상품이 중국에서 팔릴 수 있다. 매스컴에서 무엇이 이슈가 되었는지 무엇이 유행인지 즉각 즉각 상품으로 중국의 소비자의 욕구에 대응하는 전략이 필요하다.

<그림 8> 돌솥비빔밥용 돌솥

〈그림 9〉는 판매자가 아닌 구매자가 검색하는 상품의 카테고리이다. 화살표를 보면 한판(韩版)이라고 카테고리가 있다. 이것은 Made in China 이지만 한국 디자인이라는 뜻으로 다른 나라 상품은 전혀 보이지 않고 한국 상품만 별도 카테고리를 주고 있다. 이것은 특히 여성복인 경우 대부분 중국에서 생산을 해가더라도 중국 소비자는 알고 있고 한국 상품이 중국 소비자한테 인기가 있고 많이 팔린다는 것의 반증이다. 따라서 모든 소비재 상품으로 중국 소비자를 공략할 필요가 있다. 한국 음식이 인기가 있고 유행해도 "권금성" "한라산" 등 돈 버는 사람들은 중국인이고 김치가 유행을 해도 중국인이 김치를 만들어 팔고 있다. 중국인들이 한국 상품 코너도 모두 채울지 모를 일이다.

<그림 9> 구매자 상품목록

〈그림 10〉은 타오바오의 결제회사 즈푸바오(支付宝)의 초기화면이다. 이 회사는 타오바오의 자회사로서 결재를 담당하며 타오바오, 은행과 연결되어 있다. 구체적인 역할은 상품의 등록 판매에서 다시 설명하기로 한다.

<그림 10> 즈푸바오 초기화면

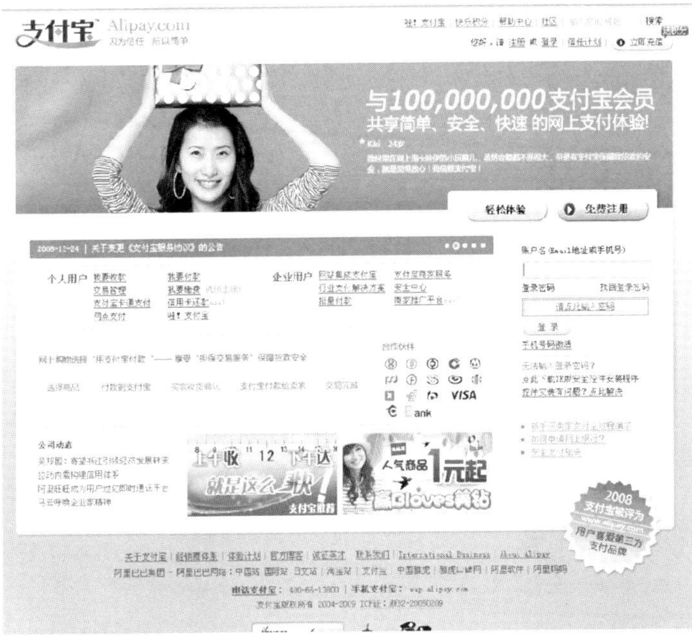

3. 타오바오에 내 가게 열기

한국인이 외국인으로서 타오바오에 상점을 개설하려면 중국인의 보증과 중국 타오바오가 거래하는 중국은행의 결제구좌가 필요하다. 외국인 여권으로 은행에 구좌를 개설할 수 있고 이 은행 구좌와 중국인의 보증서만 있으면 타오바오에 매장 개설은 가능하다. 결국 외국인 개인이 타오바오에서 상품을 팔려고 하면 중국인의 보증이 필요한데 소비자 보호관련 문제가 생겼을 경우 외국인은 외국에 가버리면 책임을 물을 곳이 없기 때문이다.

(1) 은행구좌 개설

〈그림 11〉에서 보는 바와 같이 대부분의 중국 은행이 타오바오와 거래를 하고 계좌 개설이 가능하다. 그러나 중국은행 등 일부

<그림 11> 타오바오 거래은행

은행은 거래가 불가능하므로 구좌를 개설할 때 타오바오 거래용이라고 이야기를 하도록 해야 한다. 그리고 중국은행들의 한국에 있는 지점에서 개설이 불가능하다. 홍콩에서의 개설도 사용이 불가능하고 반드시 중국 내에 있는 은행의 지점에서 개설하여야 한다. 〈그림 12〉는 거래 개설 공상은행의 신청서이다. 이때 인터넷뱅킹(网上银行)은 반드시 신청하도록 하여야 한다.

<그림 12> 거래개설 신청서

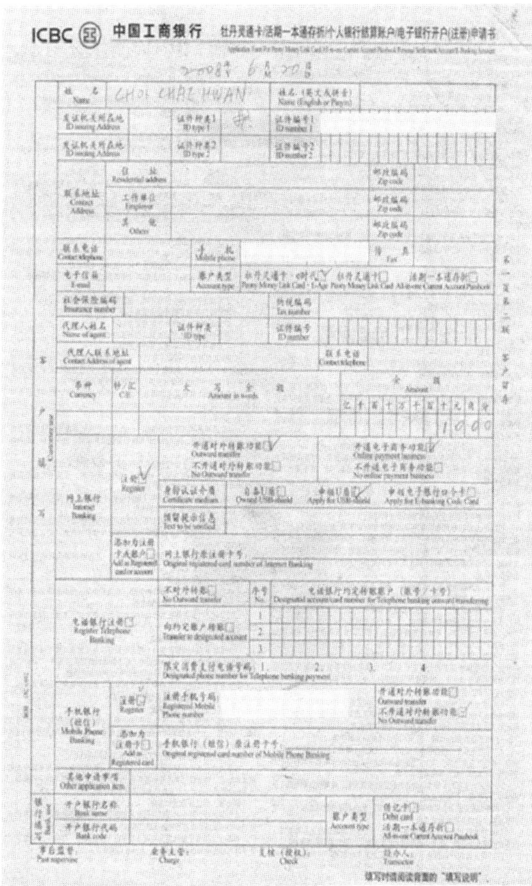

(2) 중국인의 보증

타오바오에 중국인의 보증은 간단하지만 확실하게 체크를 한다. 〈그림 12〉는 보증서 양식의 예이다. 특별한 양식은 없지만 전화를 하는 식으로 확실하게 체크를 한다.

<그림 13> 보증서 샘플

担 保 函

担保人:

住址:

联系电话:

被担保人:

中国境内住址:

联系电话:

鉴于被担保人向支付宝公司提交个人会员支付宝实名认证申请，担保人特此向支付宝公司保证被担保人向支付宝提交的所有认证资料真实无误，如有虚假，担保人同意承担由此引起的一切损失。

担保人签名（手写）:

2008 年 6 月 18 日

(3) 가게 오픈을 위한 등록

은행구좌와 보증서로 가게 개설 허가가 되고 나면 가게를 오픈해 가는 절차는 다음과 같다.

① 로그인을 한다(http://www.taobao.com)

② 무료등록을 클릭 (免费注册)

③ Email 등록

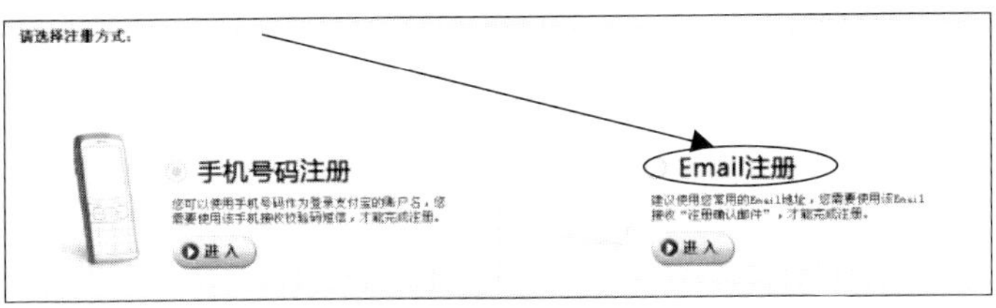

④ 회원명, 비밀번호 등을 기입한 후에 즈푸바오 구좌 자동생성 (自动创建支付宝账号) 을 선택한 후에 등록

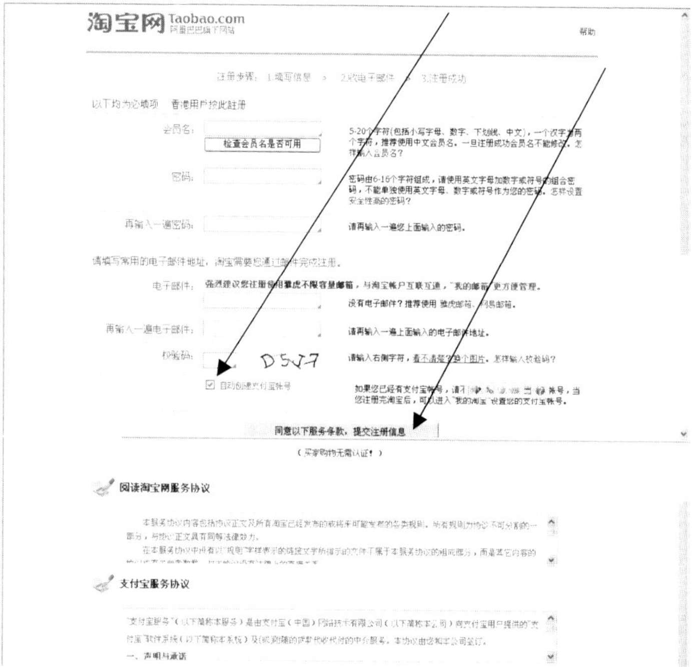

다음 단계로 이동

⑤ 타오바오 구좌 활성화, 등록한 메일로 등록 통보가 감, 승인

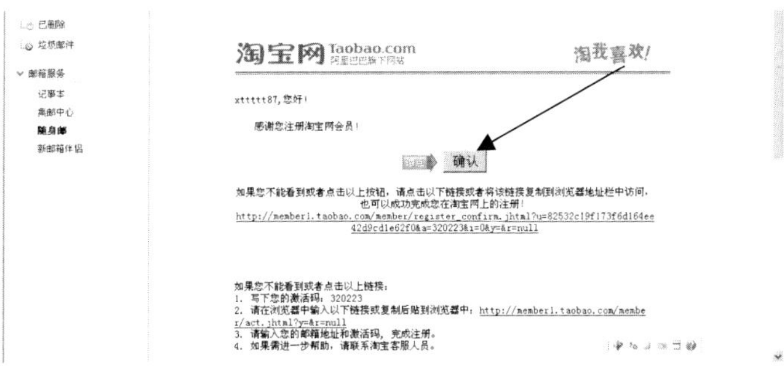

⑥ 등록성공 페이지가 뜬다, 내 타오바오(我的淘宝)를 클릭하고

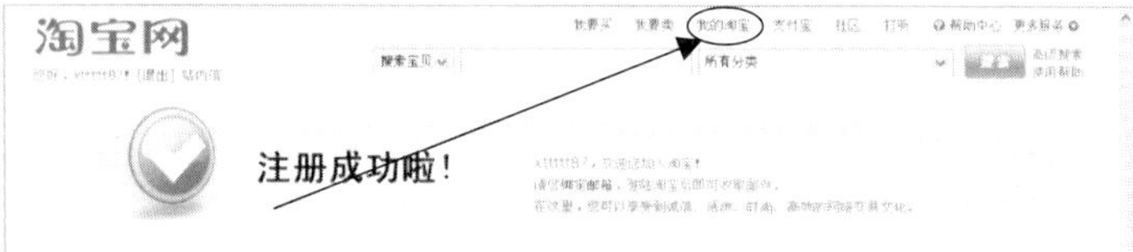

즈푸바오(支付宝) 계정이 생성된다.

⑦ 즈푸바오 계정을 활성화 (点此激活) 클릭

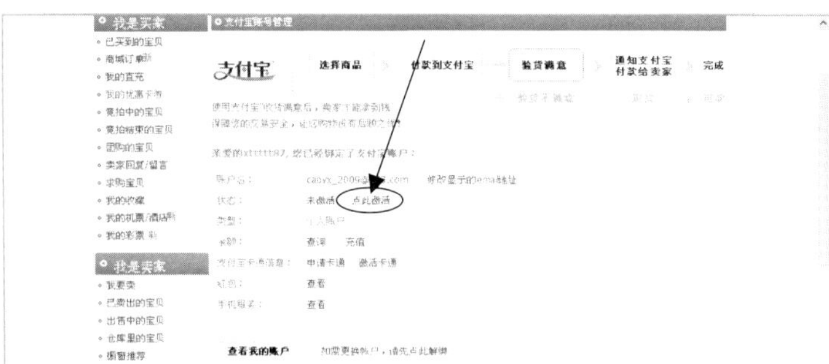

아래와 같은 창이 뜨면 성명 비밀번호 등 기입하고 클릭하면 즈푸바오 계정을 이용할 수 있다.

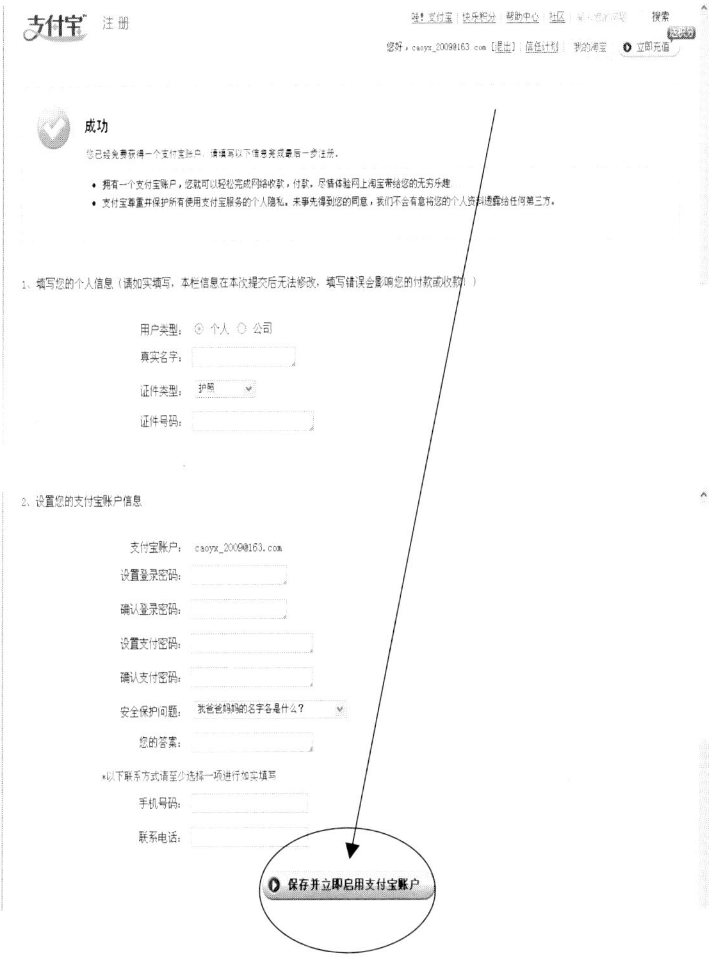

다음 창이 뜨면 내 즈푸바오 클릭

⑧ 즈푸바오 인증

내 즈푸바오 클릭 후 인증(申请认证)

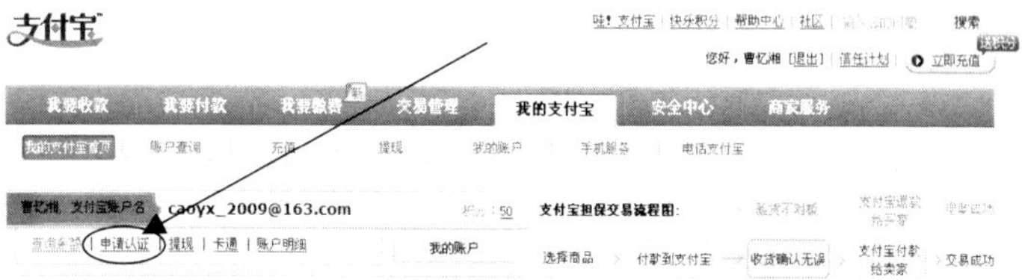

아래 창이 뜨면 모든 인증 정보(**填写**认证信息) 클릭

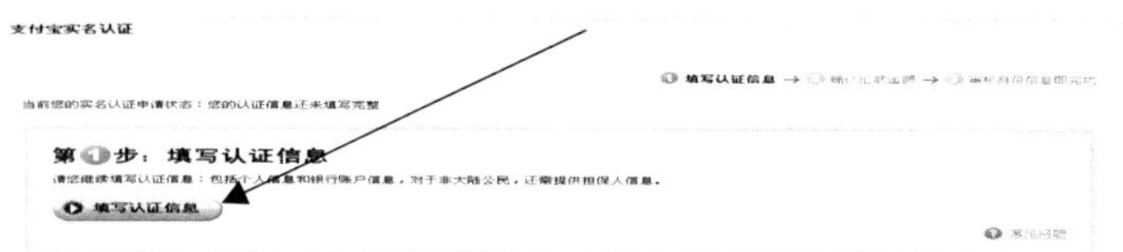

다음 창이 뜨면 외국인(外籍用户) 선택

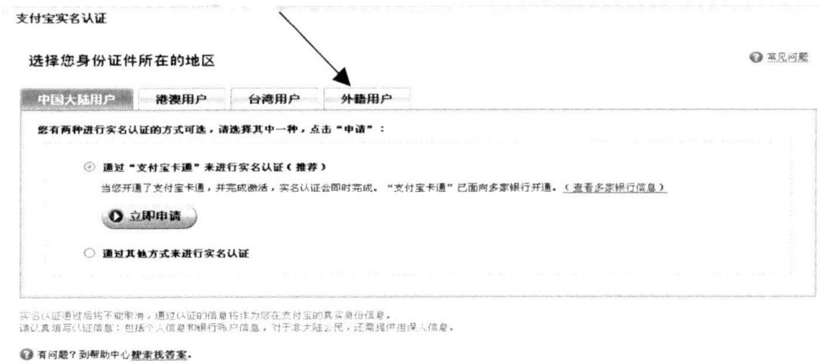

즉시신청(立即申请)을 클릭

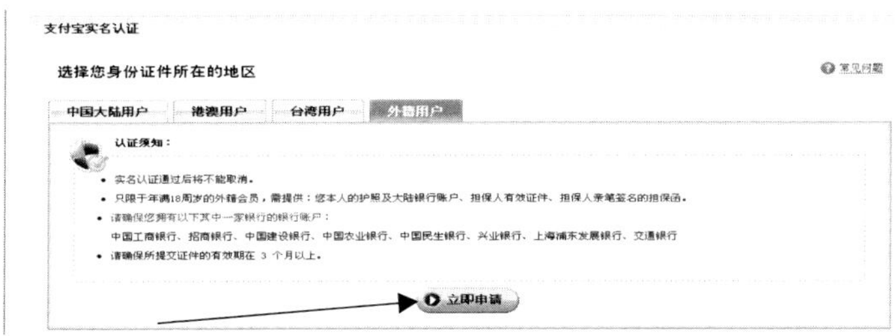

여권번호 치고 등록

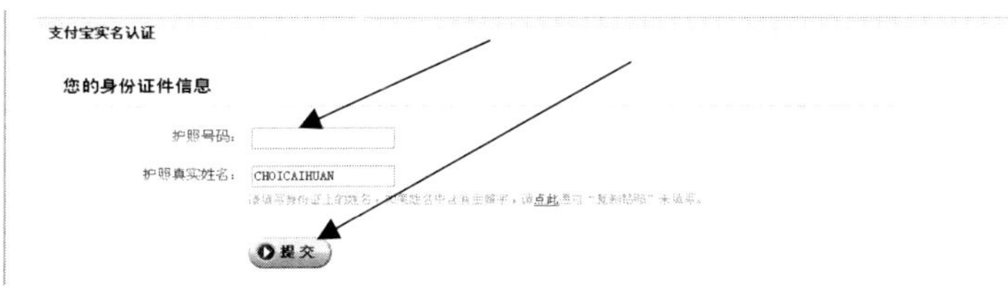

다음 페이지를 모두 작성 후 클릭

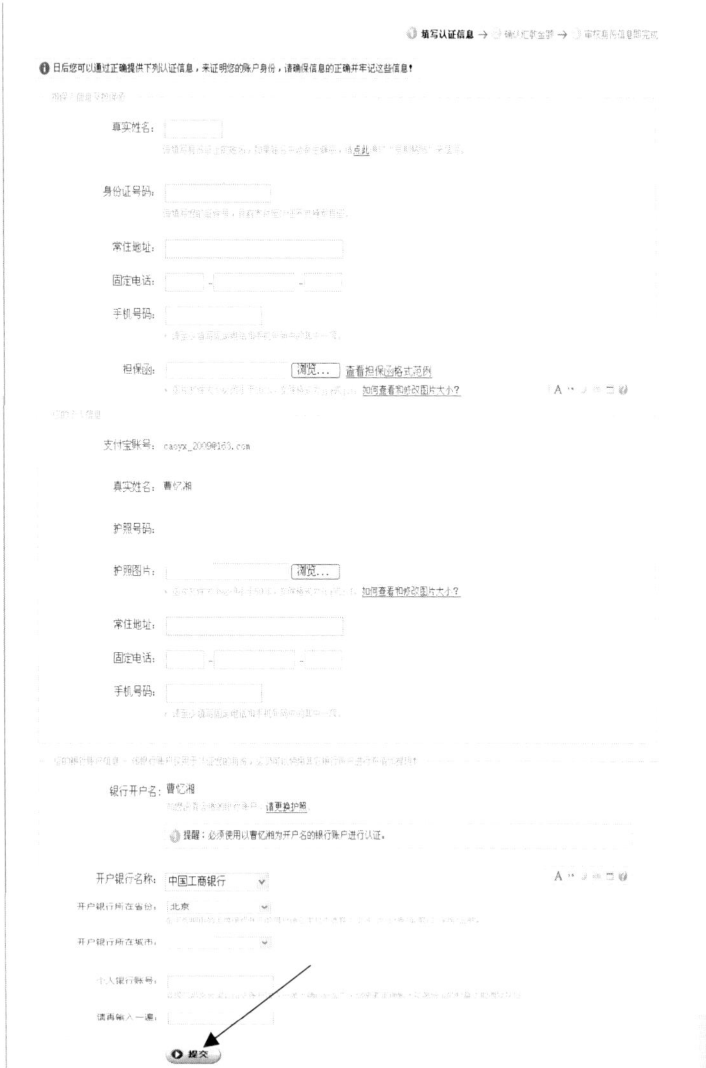

다음 창에서 등록 클릭

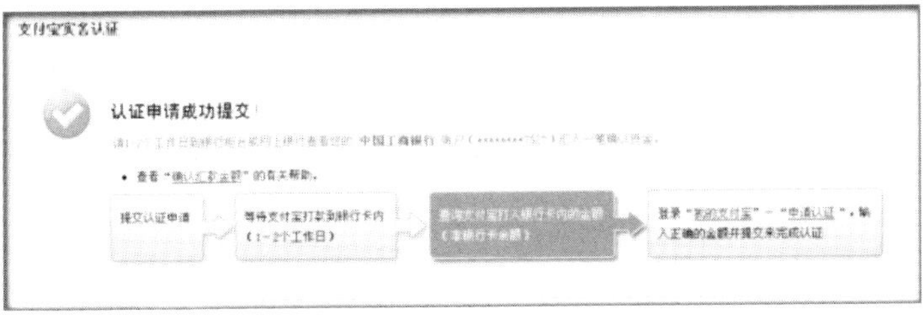

⑨ 이틀 후에 즈푸바오로부터 메일이 온다. 즈푸바오는 적은 금액의 돈(보통 1위엔 이하)을 나의 구좌로 넣고 돈이 입금 되는지 확인 요청을 한다. 정확하게 들어온 금액을 알려주면서 등록(申请认证)을 해야 계정이 활성화되고 거래가 가능해진다.

다음 단계로 내 입금구좌로 들어갈 수 있다.

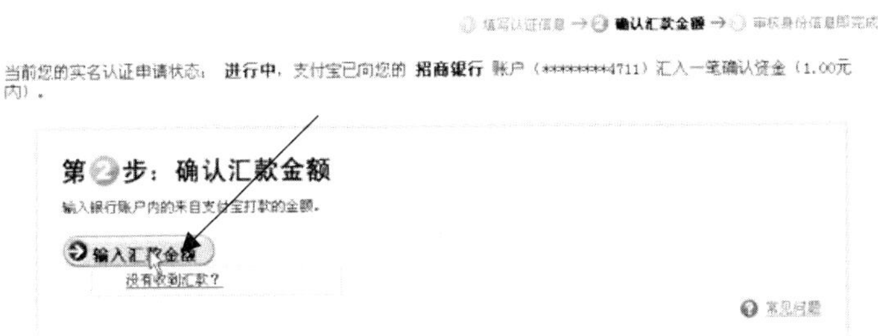

다음 화면에서 계정을 확인하는 두 번의 기회가 있다. 두 번 모두 실패하면 처음부터 다시 등록을 해야 한다.

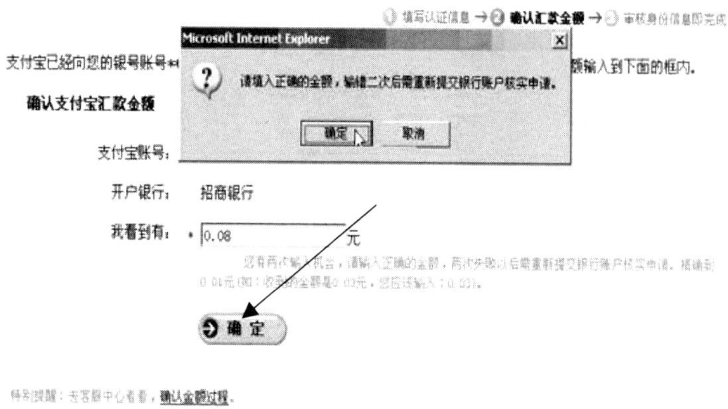

등록을 하면 다음 두 화면이 뜨고 인증완료

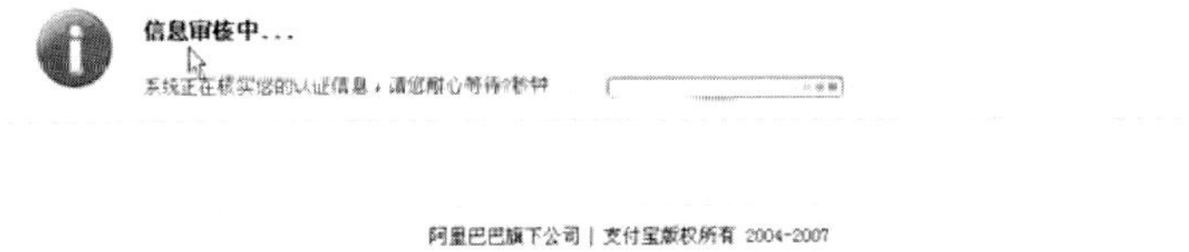

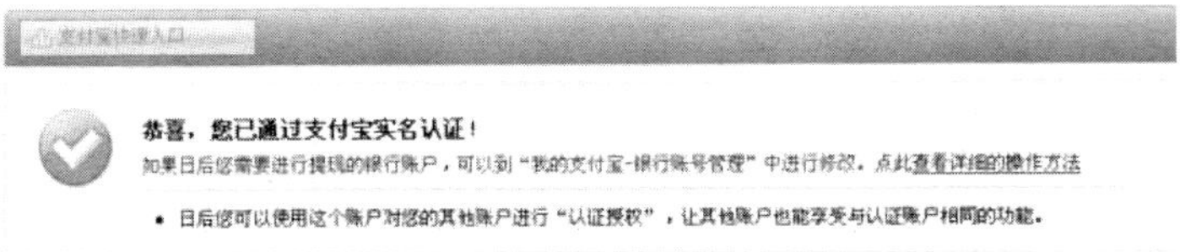

이제 타오바오 매장에 상품등록이 가능해 진다.

(4) 가게 오픈

인증 및 로그온(登录)

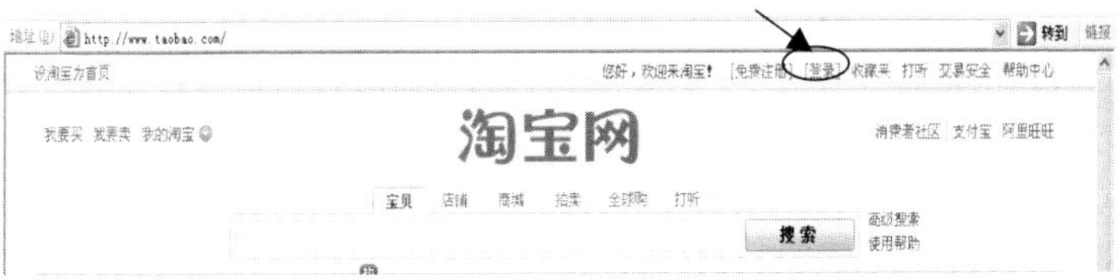

ID, 패스워드 입력 후 등록 (登录)

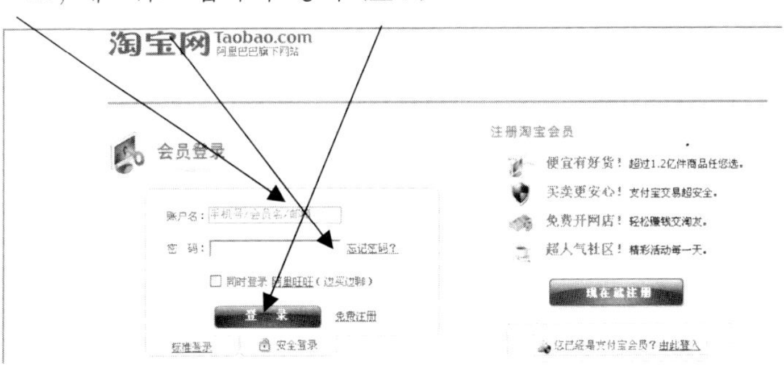

나의 타오바오 클릭(我的淘宝)

인증 확인을 위해서 여기를 클릭(请点击这里)

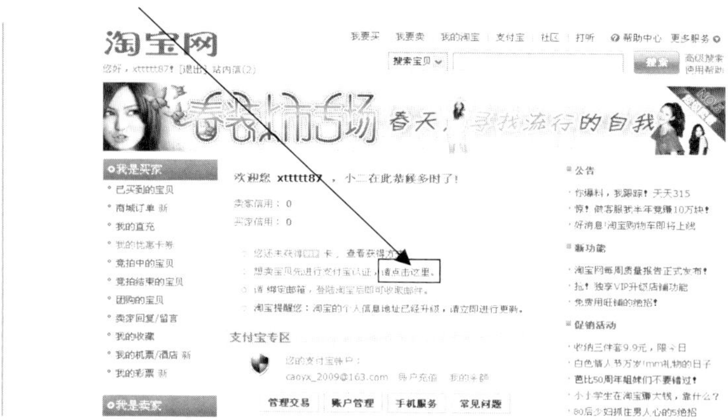

동의한다는 클릭

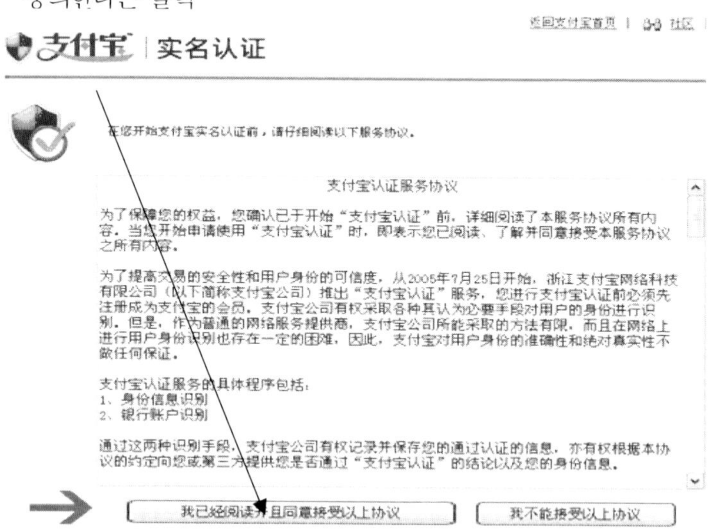

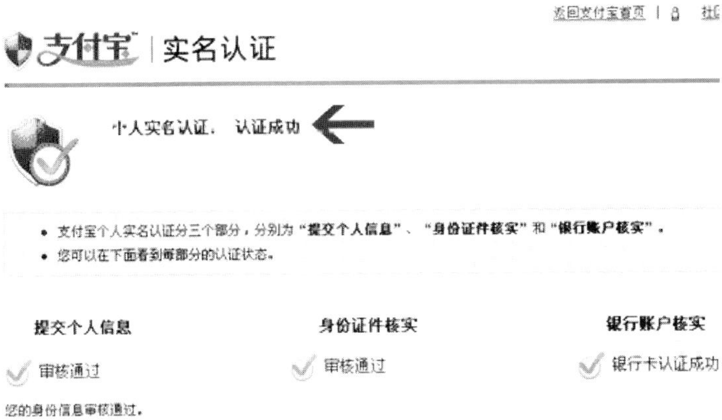

상품 등록을 위해 나의 타오바오(我的淘宝)로 돌아가서 나는 팔겠다(我要卖) 클릭

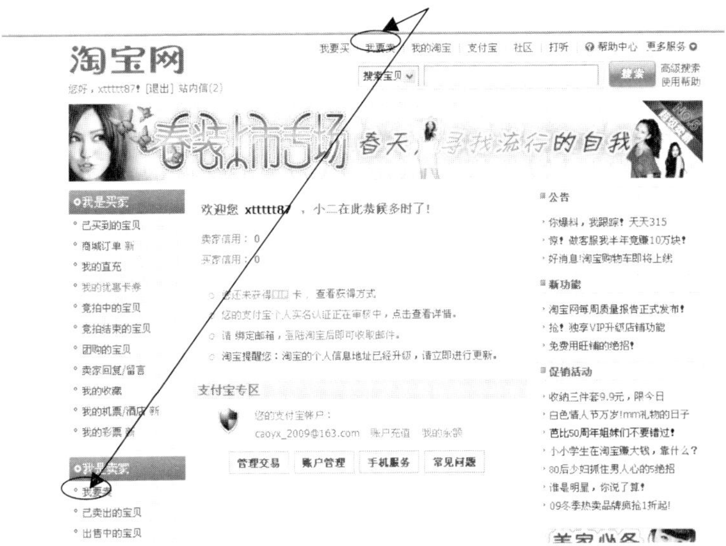

하나의 가격으로 팔 것인지 경매로 팔 것인지 선택

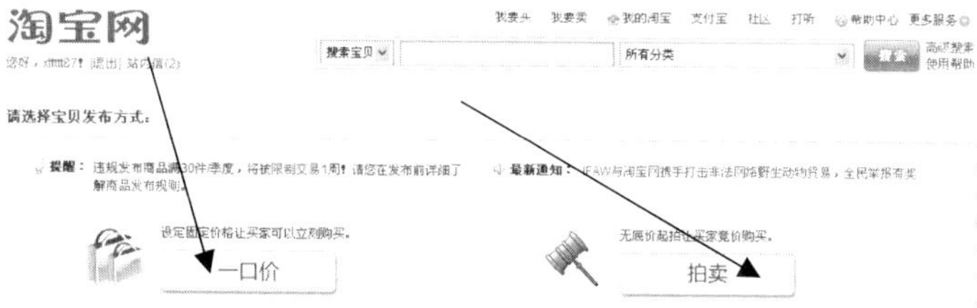

즈푸바오 인증이전에 상품을 상점에 둘 수 있다. 다음 화면이 뜨면 계속(继续发布宝贝)을 클릭, 이미 인증을 했으면 이 창을 볼 수 없다.

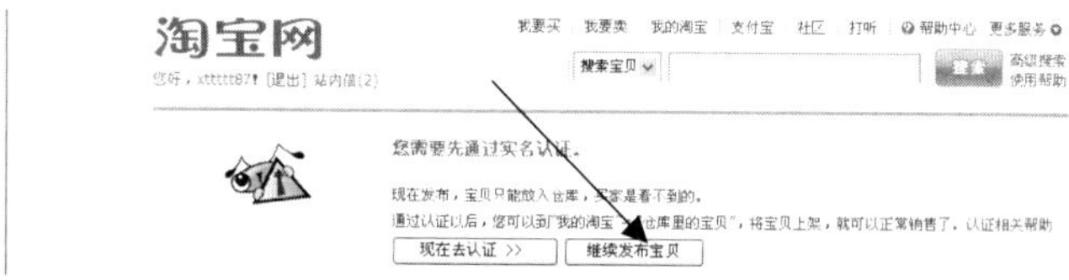

다음 창에서 상품의 카테고리를 단계별로 선택하고 OK(好了, 去发布宝贝) 클릭

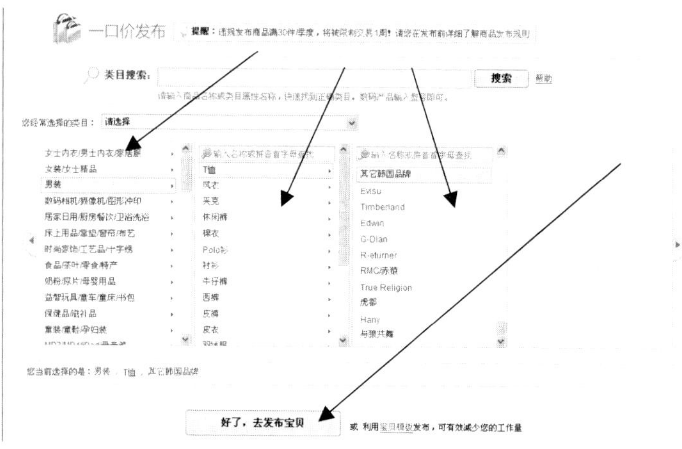

상품 내용 기입(반드시 붉은 별 표시는 기입해야 함. 그리고 가동(发布) 클릭

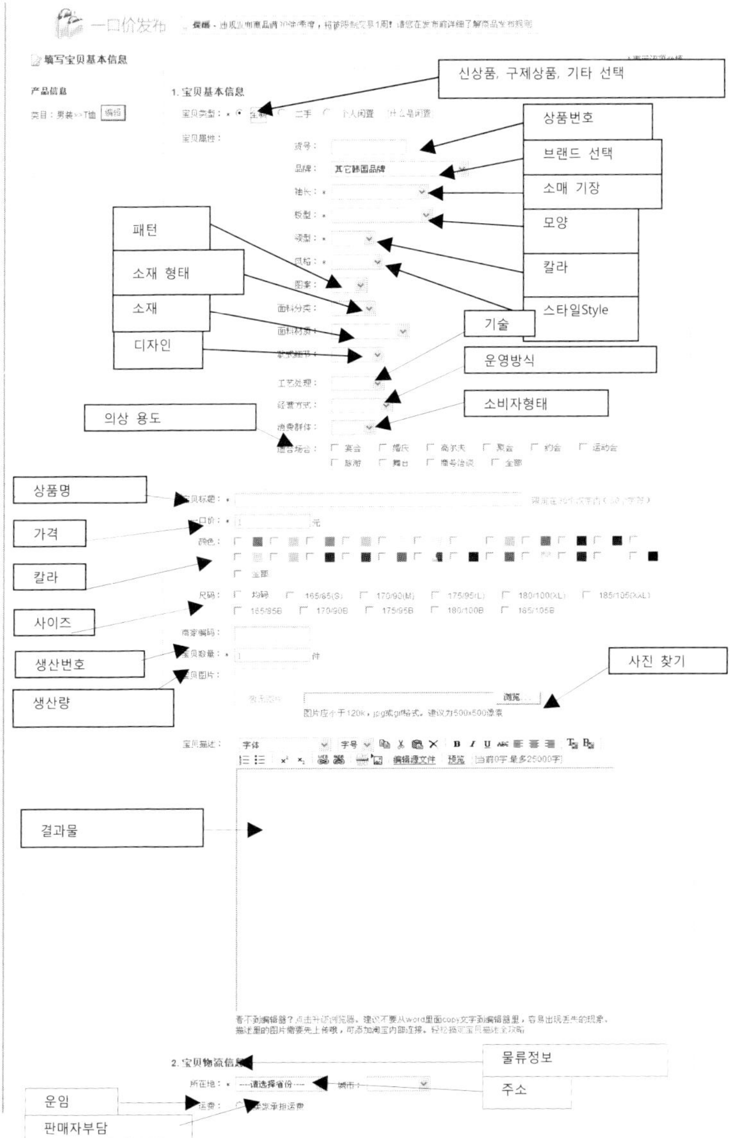

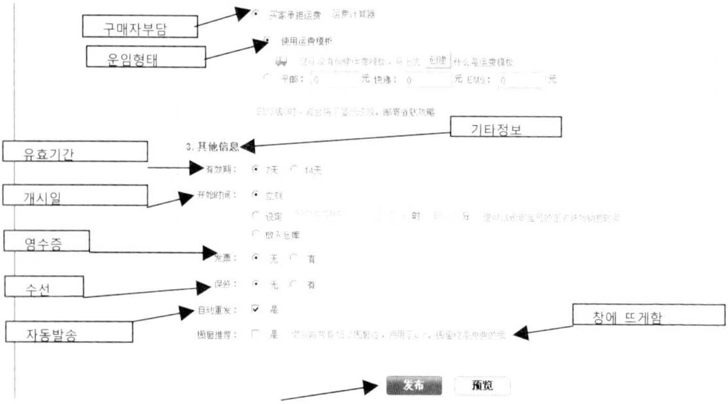

완료하면 송부(发布) 클릭
성공하면 다음 페이지가 뜬다.
계속 하려면 송부 클릭 .

(5) 무료 가게 (free shop) 오픈

모든 자료를 등록하고 송부한 후 10일 후에 내 타오바오(我的淘宝)로 들어감

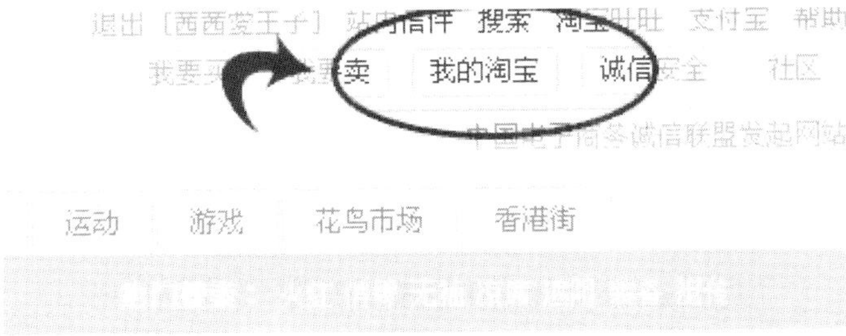

무료 내 가게를 클릭, 정보 등록, 인증 클릭
그러면 이제 내 가게와 가게 주소를 부여 받을 수 있다.

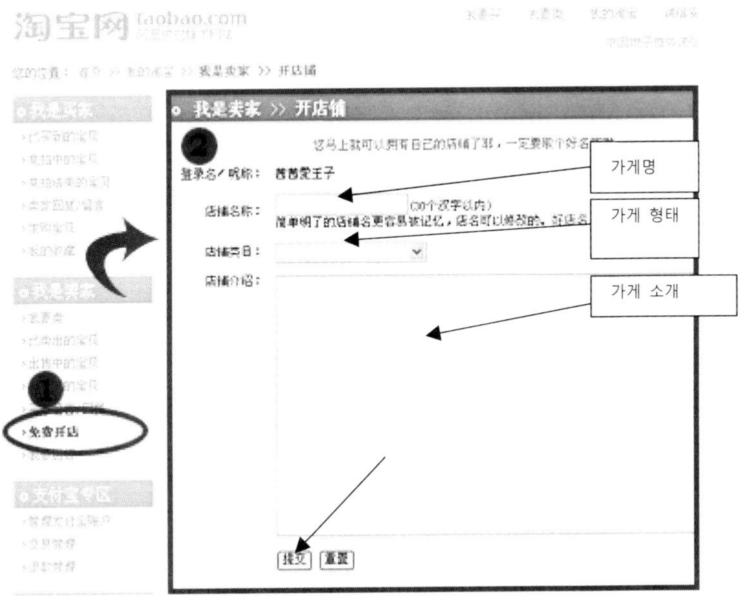

〈그림 14〉는 정상적으로 오픈된 내 가게의 첫 페이지다. 좌측에 로고가 들어갈 수 있는데 배너로 제작하여 깜박거리도록 처리하는 것이 생동감이 있다. 우측에 매장안내(店鋪公告) 난이 있는데 매장의 특성을 한마디로 요약하여 잘 보일 수 있도록 한다. 그리고 한국 상품은 "한국" 이라는 단어로 카워드 검색이 될 수 있도록 많이 사용하는 것이 유리하다.

<그림 14> 오픈된 내 가게 첫 페이지

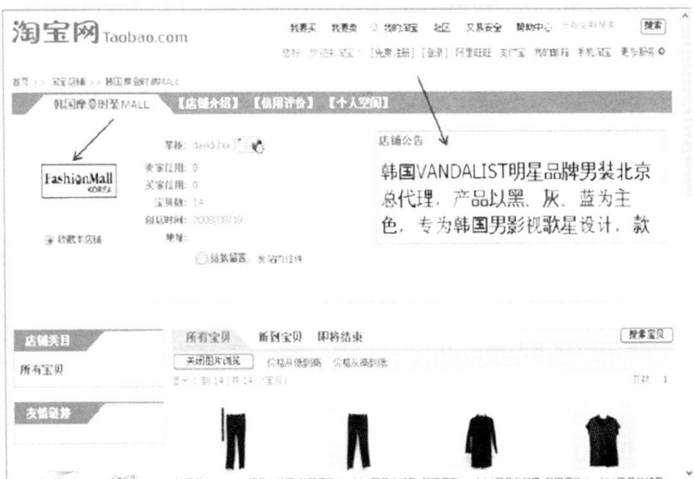

〈그림 15〉는 상세 페이지를 보여준다. 가격과 기타 정보를 보여주고 있지만 사진의 크기가 작고 갑갑하다. 그렇지만 타오바오 사이트의 사진 규격이 500 X 500 px (120k)로 정해져 있으므로 사이즈에 맞추어야 한다.

<그림 15> 내 가게 상세페이지

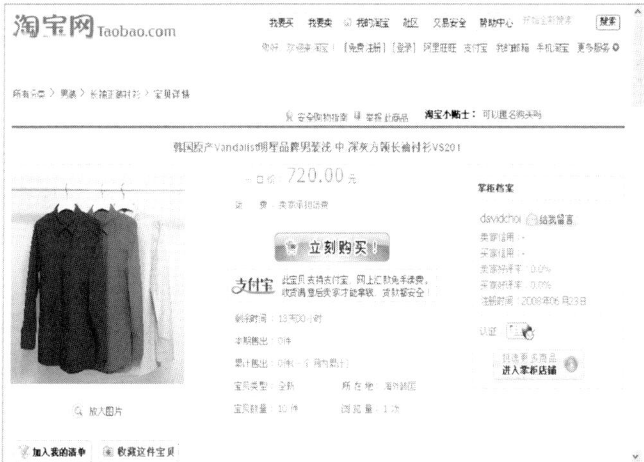

〈그림 16〉은 제품의 필수 정보이다. 제품의 치수는 그림을 곁들인 것이 오해가 없어 좋다. 그리고 디자인 포인트를 설명한 제품의 기본정보, 혼용율, 세탁방법 등은 반드시 기재를 하도록 하여야 한다. 중국인은 우리보다 의심이 많고 신뢰하기까지는 시간이 걸린다는 것을 항상 염두에 두어야 할 것이다.

<그림 16> 제품의 필수정보(치수, 기본정보, 혼용율, 세탁방법)

제4장 타오바오에서의 판매와 결재

1. 상품의 판매

(1) 상품의 판매 체크하기

상품이 판매되면 타오바오로부터 메일을 받는다. 그러면 나의 타오바오(我的淘宝)로 들어가서 거래체크 코너로 가서 파란색 글씨의 판매확인을 클릭한다.

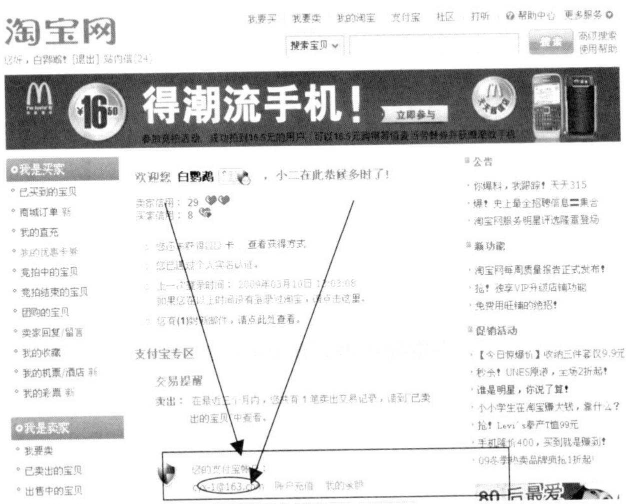

아래 페이지가 나오면서 판매기록이 뜬다. 그림에서 주문서(订单)번호 1314776170 와 기타 정보가 판매 기록이다. 거래상태(交易状态)를 클릭하면 구매자가 즈푸바오에 입금한 결과를 알 수 있고 상세상황(详情)을 클릭하면 구매자의 주소를 확인할 수 있다. 여기서 중요한 것은 판매자가 판매를 하면서 몇 일 이내에 구매자가 확인을 해야 할 것인가를 설정한다. 예를 들어 1주일을 설정하면 거래 개시 후 1주일 이내에 구매자는 상품을 받고 받았다는 확인(Confirm)을 해야 한다. 상품을 받고도 이 기간 내에 확인을 하지 않으면 즈푸바오에서 판매자에게로 자동 입금이 된다.

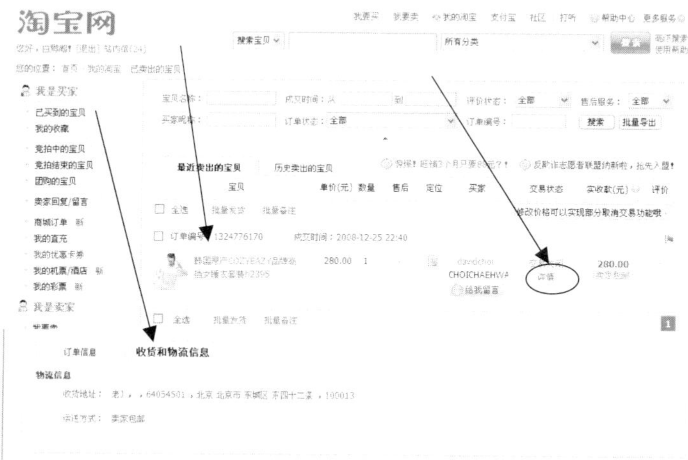

거래상태(交易状态)에서 구매자가 이미 지불을 하고 판매자의 상품을 기다린다(买家已付款,等待卖家发货)고 뜨면 판매자는 EMS로 상품을 보내고 상품을 회사와 송장번호를 입력 후에 상품발송(发货)을 클릭한다. 구매자는 상품 도착 후 확인(Confirm)을 할 것이고 이후에 즈푸바오는 판매자의 구좌로 송금을 할 것이다.

(2) 즈푸바오(支付宝)에서 상품대금 계좌이체

타오바오의 어떤 회면에서도 즈푸바오 클릭이 가능하다. 즈푸바오를 클릭한다.

다음에 즈푸바오에 로그인한다. 즈푸바오 ID와 패스워드 입력 후 등록(登录) 클릭

그러면 현금 잔고를 알 수 있고 인출을 원하면 현금인출((提现)을 클릭한다.

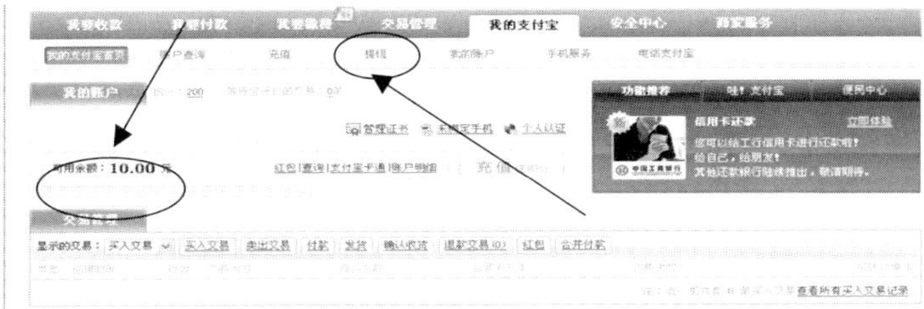

결제구좌를 확인하고 결제금액(提现金额)과 비밀번호(支付密码)를 입력 후 다음단계(下一步)를 클릭한다.

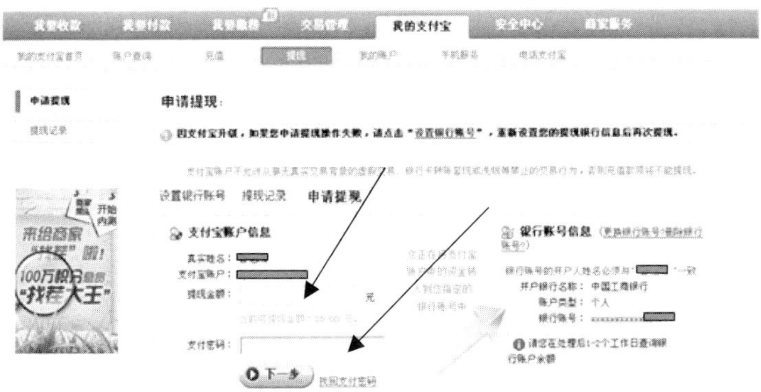

그러면 다음 화면이 나온다. 계정을 수정(修改银行账号) 하거나 그렇지 않으면 확정(确定提现)을 클릭한다.

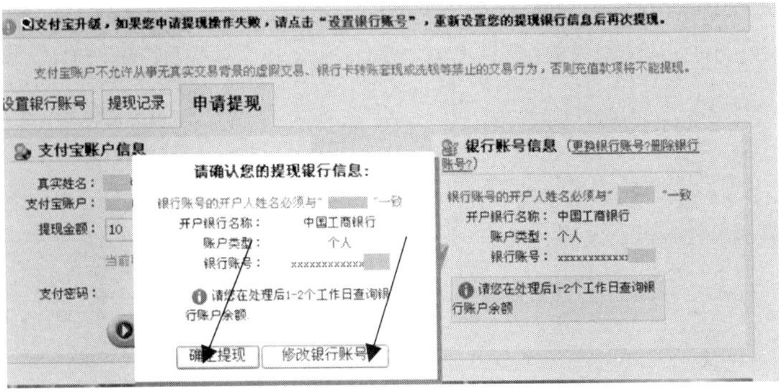

다음 화면이 보이면 인출이 성공한 것이고 하루 이틀 뒤에 개인 구좌로 입금이 된 것을 확인 할수 있다.

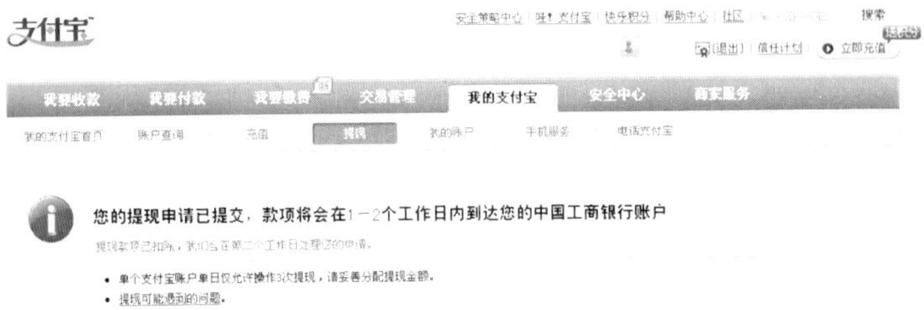

(3) 매장관리

타오바오에 로그인 후 내가게 관리(管理我的店铺)를 클릭

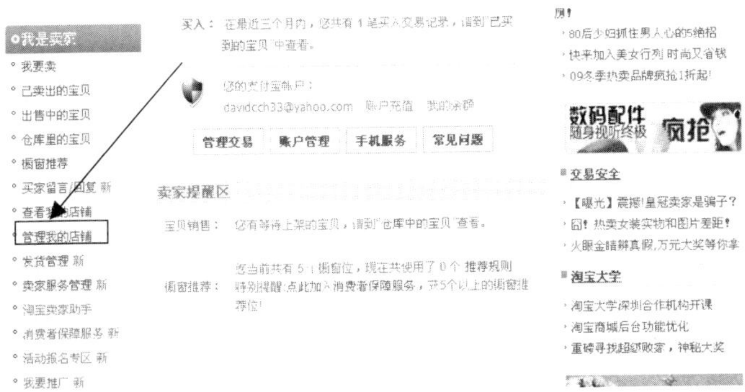

다음화면 기본 설정(基本设置)이 나온다. 그리고 가게명, 가게의 형태, 판매 품목을 선정 후, 매장의 편집을 시작한다. 편집(编辑)을 치고 편집하고 완료한 후 세이브(保存)을 계속한다.

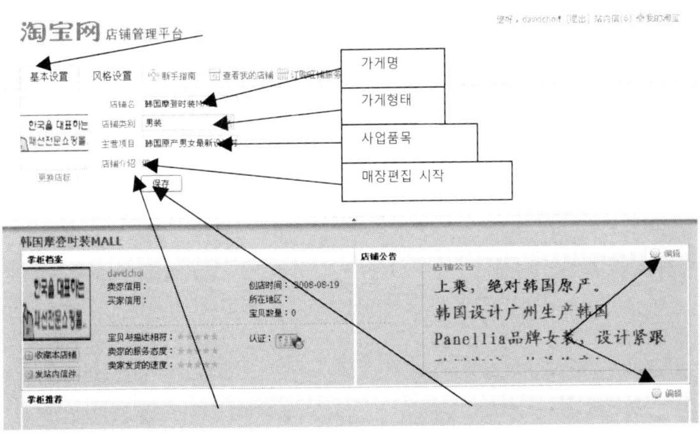

상품을 추천하여 광고를 마무리한 후에 세이브한다.

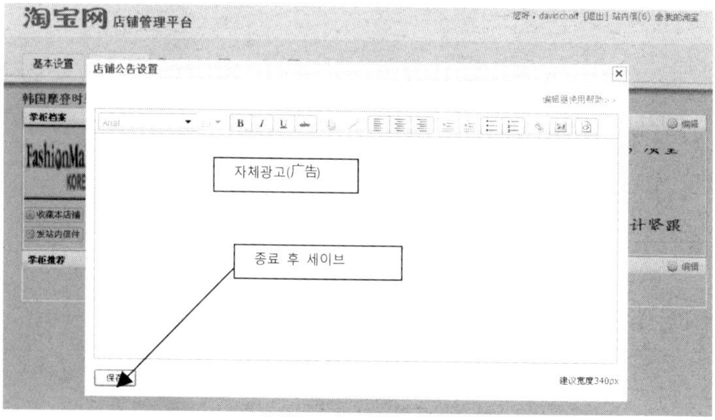

다음 매장 스타일을 세팅한다(风格设置).

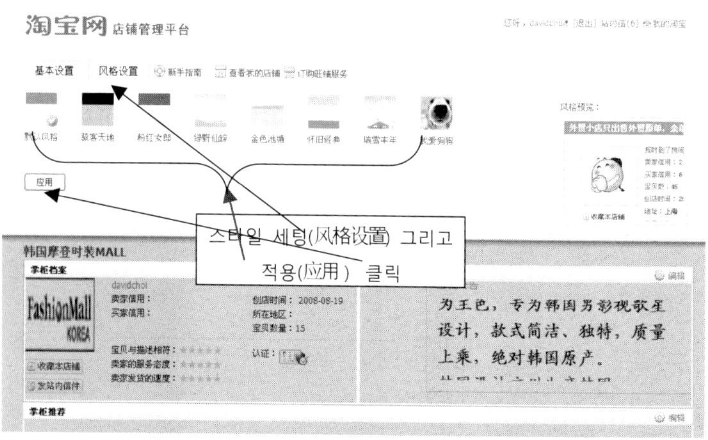

(4) 상품관리

상품정보를 편집하기 위해서 판매상품(出售中的宝贝) 클릭

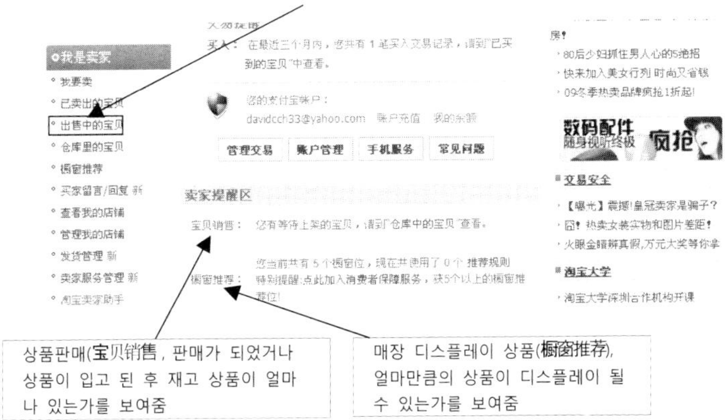

상품정보 편집 페이지. 판매희망(我要卖) 페이지와 동일

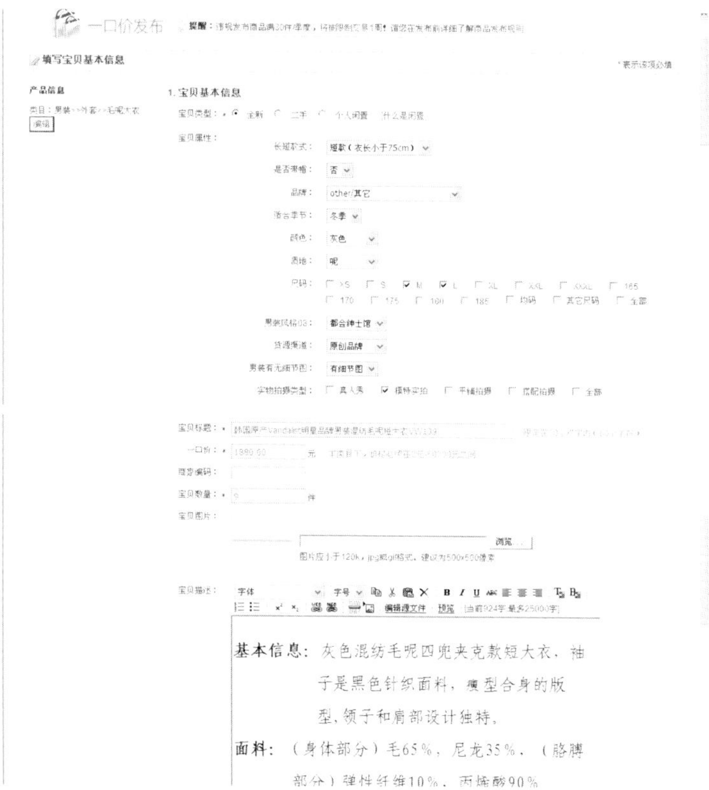

아래 페이지에서 운임비 지불 설정, 지불증가모델(新增运费模板) 설정

다음 페이지가 뜬다. 세이브 후 돌아가기(保存并返回) 또는 취소(取消)

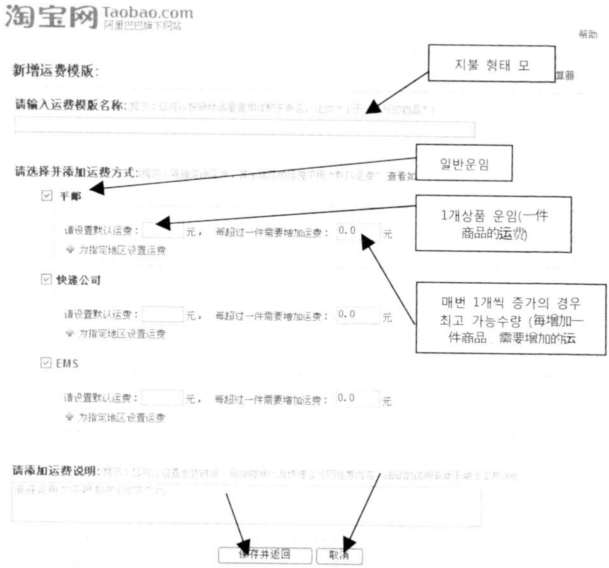

타오바오 회원카드 가입등 상세 설명(了解详情)

상품이 창고로 들어가 버린 것을 다시 진열 시킬 때 창고상품(仓库中的宝贝) 클릭 후 처리

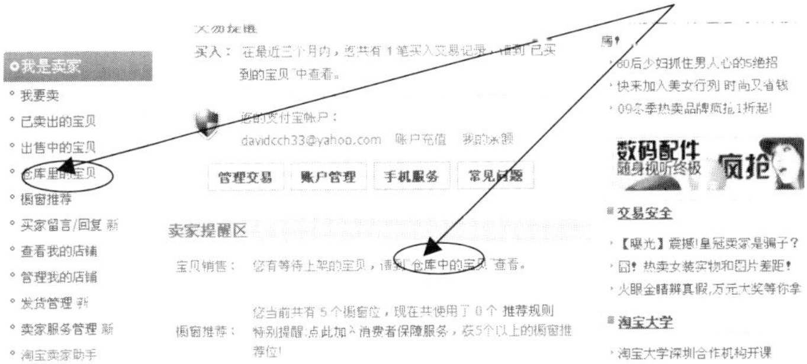

다음 페이지가 나온다. 반대선택(反选, 모든 상품이 동일 설정) 매장에 올리기(上架) 등 상품 편집이 가능

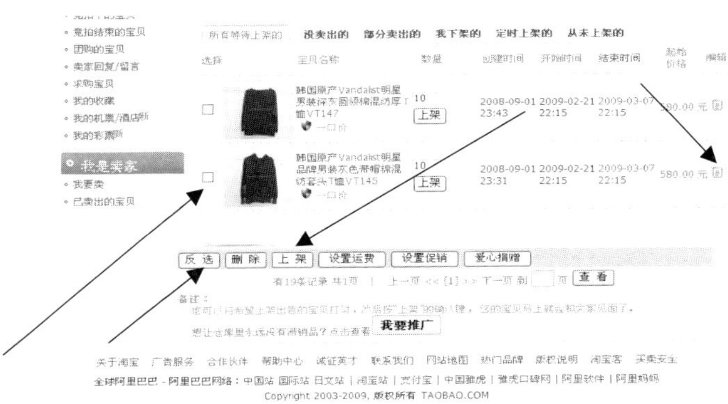

2. 상품의 배송

(1) EMS 요금

앞에서도 말했듯이 중국은 거리상으로 가장 유리한 나라가 한국이다. 우체국의 EMS비용이 중국의 도시 별로 달랐으나 최근 모두 통일되어 일괄요금을 적용하고 있다. 〈표 3〉에서 보면 중국의 경우 1kg에 모든 중국도시에 16,200원이다.

<표 3> EMS 요금표 (비서류)

중량(Kg)	1지역	2지역	3지역	4지역	특정1지역 (일본)	특정2지역 (홍콩)	특정3지역 (중국)	특정4지역 (오스트레일리아)	특정5지역 (미국)
0.5	14,700	15,200	20,000	22,800	14,300	14,400	14,400	17,100	22,000
1	16,900	18,300	25,700	28,900	15,700	16,000	16,200	22,800	30,000
1.5	19,700	23,100	33,500	36,900	17,700	18,200	18,300	30,400	38,400
2	22,400	27,800	41,400	44,800	20,100	20,700	20,800	37,100	47,800
2.5	24,000	30,300	44,300	51,000	21,200	22,100	22,100	43,000	51,300
3	25,700	32,800	47,100	57,200	22,200	23,500	23,300	45,500	54,800
3.5	27,300	35,200	50,000	63,400	23,300	24,900	24,600	48,000	58,300
4	28,900	37,700	52,800	69,500	24,300	26,300	25,800	50,400	61,800
4.5	30,500	40,200	55,700	75,700	25,400	27,700	27,100	52,900	65,300
5	32,100	42,700	58,500	81,900	26,400	29,100	28,400	55,400	68,800
5.5	33,700	45,100	61,400	88,100	27,500	30,500	29,600	57,900	72,300
6	35,300	47,600	64,200	94,200	28,500	31,900	30,900	60,300	75,800

중량 (Kg)	1지역	2지역	3지역	4지역	특정1지역 (일본)	특정2지역 (홍콩)	특정3지역 (중국)	특정4지역 (오스트레일리아)	특정5지역 (미국)
6.5	37,000	50,100	67,100	100,400	29,500	33,300	32,100	62,000	79,300
7	38,600	52,500	69,900	106,600	30,600	34,700	33,400	65,300	82,800
7.5	40,200	55,000	72,800	112,800	31,600	36,100	34,700	67,700	86,300
8	41,800	57,500	75,600	118,900	32,700	37,500	35,900	70,200	89,800
8.5	43,400	59,900	78,500	125,100	33,700	38,900	37,200	72,700	93,300
9	45,000	62,400	81,300	131,300	34,800	40,300	38,400	75,100	96,800
9.5	46,600	64,900	84,200	137,500	35,800	41,700	39,700	77,600	100,300
10	48,300	67,400	87,000	143,600	36,900	43,100	41,000	80,100	103,800
10.5	49,900	69,800	89,900	149,800	37,900	44,500	42,200	82,600	107,300
11	51,500	72,300	92,700	156,000	39,000	45,900	43,500	85,000	110,800
11.5	53,100	74,800	95,600	162,200	40,000	47,300	44,700	87,500	114,300
12	54,700	77,200	98,400	168,300	41,000	48,700	46,000	90,000	117,800
12.5	56,300	79,700	101,300	174,500	42,100	50,100	47,300	92,400	121,300
13	58,000	82,200	104,100	180,700	43,100	51,500	48,500	94,900	124,800
13.5	59,600	84,600	107,000	186,900	44,200	52,900	49,800	97,400	128,300
14	61,200	87,100	109,800	193,000	45,200	54,300	51,000	99,800	131,800
14.5	62,800	89,600	112,700	199,200	46,300	55,700	52,300	102,300	135,300
15	64,400	92,100	115,500	205,400	47,300	57,100	53,600	104,800	138,800
15.5	66,000	94,500	118,400	211,600	48,400	58,500	54,800	107,300	142,300
16	67,600	97,000	121,200	217,700	49,400	59,900	56,100	109,700	145,800
16.5	69,300	99,500	124,100	223,900	50,400	61,300	57,300	112,200	149,300
17	70,900	101,900	126,900	230,100	51,500	62,700	58,600	114,700	152,800
17.5	72,500	104,400	129,800	236,300	52,500	64,100	59,900	117,100	156,300
18	74,100	106,900	132,600	242,400	53,600	65,500	61,100	119,600	159,800
18.5	75,700	109,300	135,500	248,600	54,600	66,900	62,400	122,100	163,300

중량 (Kg)	1지역	2지역	3지역	4지역	특정1지역 (일본)	특정2지역 (홍콩)	특정3지역 (중국)	특정4지역 (오스트레일리아)	특정5지역 (미국)
19	77,300	111,800	138,300	254,800	55,700	68,300	63,600	124,500	166,800
19.5	78,900	114,300	141,200	261,000	56,700	69,700	64,900	127,000	170,300
20	80,600	116,800	144,000	267,100	57,800	71,100	66,200	129,500	173,800
20.5	82,200	119,200	146,900	273,300	58,800	72,500	67,400	132,000	177,300
21	83,800	121,700	149,700	279,500	59,900	73,900	68,700	134,400	180,800
21.5	85,400	124,200	152,600	285,700	60,900	75,300	69,900	136,900	184,300
22	87,000	126,600	155,400	291,800	61,900	76,700	71,200	139,400	187,800
22.5	88,600	129,100	158,300	298,000	63,000	78,100	72,500	141,800	191,300
23	90,300	131,600	161,100	304,200	64,000	79,500	73,700	144,300	194,800
23.5	91,900	134,000	164,000	310,400	65,100	80,900	75,000	146,800	198,300
24	93,500	136,500	166,800	316,500	66,100	82,300	76,200	149,200	201,800
24.5	95,100	139,000	169,700	322,700	67,200	83,700	77,500	151,700	205,300
25	96,200	140,500	172,500	329,000	68,100	84,900	78,500	154,100	209,300
25.5	97,400	142,000	175,400	335,300	69,100	86,100	79,500	156,500	213,300
26	98,500	143,500	178,200	341,500	70,000	87,300	80,500	158,800	217,300
26.5	99,700	145,100	181,100	347,800	71,000	88,500	81,500	161,200	221,300
27	100,800	146,600	183,900	354,100	71,900	89,700	82,400	163,600	225,300
27.5	101,900	148,100	186,800	360,300	72,900	90,900	83,400	166,000	229,300
28	103,100	149,600	189,600	366,600	73,800	92,100	84,400	168,300	233,300
28.5	104,200	151,100	192,500	372,900	74,800	93,300	85,400	170,700	237,300
29	105,400	152,700	195,300	379,100	75,700	94,500	86,400	173,100	241,300
29.5	106,500	154,200	198,200	385,400	76,700	95,700	87,400	175,500	245,300
30	107,600	155,700	201,000	391,700	77,600	96,900	88,400	187,200	249,300

(2) 국가별 취급요건

〈표 4〉는 우체국이 정한 국가별 취급요건이다. 중국은 상품가격 외에 배송 비용을 따로 시출하는 것이 관습화되이 있다. 밑반찬을 조금 시켜도 별도의 요금을 받고 심지어는 찻집에서 추가된 물값을 따로 받는 곳도 있다. 그러나 한국의 우체국에서는 착불을 허용하지 않고 있다. 착불을 허용했을 경우 돈을 못 받는 사고가 우려되기 때문이다.

<표 4> 국가별 EMS 취급요건

* 요금 수취인 부담 서비스는 총괄우체국(5급국 이상)에서 EMS(국제특급우편) 계약자(접수대행업체 제외)에 한하여 접수 가능
* 초특급우편서비스(EMS-TCS) 가능 지역 : 도쿄, 오사카, 홍콩, 싱가포르

(서비스 가능 지역 단위 : 지역, 최대중량 단위 : Kg)

국가명	서비스 가능 지역		최대중량		요금수취인부담		배달통지	
	EMS	EMS 프리미엄	EMS	EMS 프리미엄	EMS	EMS 프리미엄	EMS	EMS 프리미엄
중국 (CHINA)	특정 3지역	1	30	50	N	N	Y	Y

(3) 요금할인

우체국과 계약을 체결하여 다량으로 EMS 우편물을 보내면 30%까지 할인을 받을 수 있다. 요금 감액 대상 및 감액률은 〈표 5〉와 같다.

<표 5> 요금 감액대상 및 감액률

가. 계약국제특급우편 감액률

우체국과 이용계약을 맺고 월간 10통 이상 또는 50만원 초과시 이용 물량 또는 금액 중 이용자에게 유리한기준 적용하여 할인 (단위:통,만원)

감액률	5%	7%	9%	11%	13%	15%	17%	19%	21%	22~25%	26%~30%
물량	10~30	31~60	61~100	101~200	201~300	301~600	601~800	801 ~1,000	1,001~	1,501 ~3,000	3,001~
금액	50초과 ~150	150초과 ~300	300초과 ~500	500초과 ~1,000	1,000 초과 ~1,500	1,500 초과 ~3,000	3,000 초과 ~4,000	4,000 초과 ~5,000	5,000 초과	8,000 초과	12,000 초과

※ 단, 감액조건의 금액은 고시된 요금(EMS 프리미엄은 요금표) 기준이며, 수수료는 제외
※ 감액률 22% 이상을 적용 받기 위해서는 계약에 대한 승인 후, 적용

나. 수시국제특급우편 감액률

우체국과 이용계약을 맺지 않고 1회 2통 이상 또는 10만원 초과시 이용 물량 또는 금액 중 이용자에게 유리한 기준 적용 (단위 : 통, 만원)

감액률	3%	5%	7% 이상 감액은 계약국제특급우편 감액률 적용
물량	2 ~ 5	6 ~ 30	31통 이상
금액	10초과 ~ 25	25초과 ~ 150	150 초과

※ 단, 감액조건의 금액은 고시된 요금(EMS 프리미엄은 요금표) 기준이며, 수수료는 제외
※ 수시국제특급우편 감액률 적용은 우체국창구 접수에 한함(방문접수분 제외)

다. 추가 감액률

우체국과 이용계약을 체결하고 아래 조건에 해당하는 경우 추가 감액

구분	추가감액요건	감액률	비고
e-Shipping 이용	- e-Shipping을 통해 접수하는 물량 당 감액	2%	고시요금 기준 감액
	수집대행업체의 감액 - 1,501통 이상 또는 8천만원 이상 이용자 - 3,001통 이상 또는 1억2천만원 이상 이용자	2% 3%	
이용실적 성장	- 전년 동월 이용금액 대비 당월 이용금액 20%이상 성장 (단, 당월 이용금액은 해당 감액률 금액 이상)	1%	

※ 단, 총 감액률은 30%를 초과하지 아니함

• 시행일 : 2009년 1월 1일

(4) 배달소요일 및 요금조회

갈수록 서비스가 향상되어 초특급우편의 경우 일본의 도쿄, 오사카, 그리고 싱가폴, 홍콩의 경우 바로 다음날 집수가 가능하다. 우체국 사이트에서 〈표 6〉의 창으로 들어가서 검색하면 간편하게 배달소요일과 요금이 조회된다.

<표 6> 요금 및 배달소요일 조회

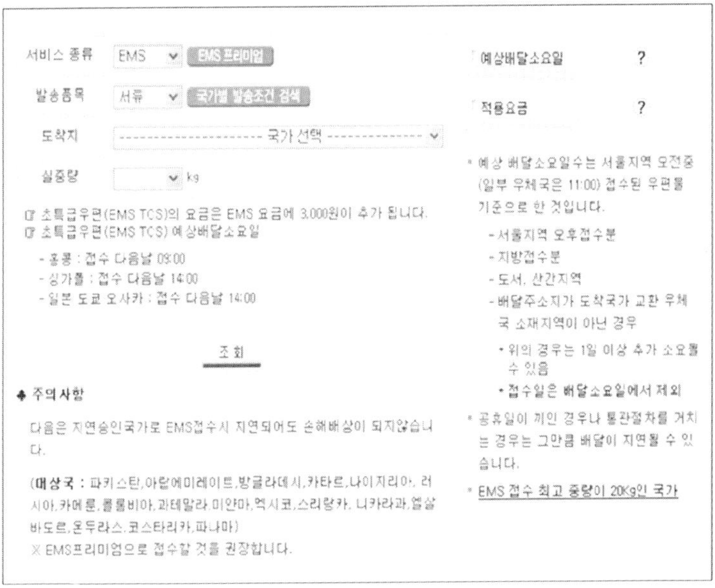

3. 판매대금의 가져오기

중국은 하나같이 사업을 하여 얻은 수익 즉 과실송금을 우려하고 있다. 다소 차이는 있지만 중국뿐만 아니라 다른 나라도 자기 나라에서 번 돈은 가져가지 말고 자기 나라에서 쓰기를 원한다. 물론 중국은 모든 것을 법에 따라 집행 하려면 그 견제 정도가 심한 것은 사실이다. 그러나 까다로운 반면에 개인 사업자나 소액의 금액에는 허술한 점도 많다. 중국인 것도 아니고 중국이 아닌 것도 아닌 홍콩만해도 자금의 흐름이 완전 자유롭다고 할 수 있는 자유무역항인 점도 얼마든지 활용이 가능한 것이다. 돈을 벌어서 못 가져올 걱정보다 벌 걱정을 하는 것이 현명하다.

여기에서는 타오바오에서 판매를 하고 즈푸바오에서 받아준 상품대금을 공상은행을 예로 들어 공상은행의 개인구좌에서 한국의 은행에 외화 구좌로 입금하는 방법을 설명한다. 중국 내에서 생산을 하는 경우와 같이 판매대금을 써야 되는 경우에는 절대 유리하다.

(1) 공상은행 구좌 확인

〈그림 17〉은 공상은행의 초기화면이다. 여기에서 개인 안터넷 뱅킹 등록에 들어가면 개인의 구좌로 접급할수 있다. 〈그림 18〉은 공상은행에서 취급하는 보안 키이다. 타오바오와 거래를 위해 통장을 개설한다고 하면 인터넷뱅킹을 가능하게 해주면서 USB로 된 보안키를 제공한다. 이것은 8초만에 한번씩 비밀번호가 바뀌므로 번호를 일일이 입력해야 하는 시스템보다 간편하고 안전하다. 여기에서 개인 인터넷뱅킹접속(个人网上银行控件)을 클릭하면 〈그림 19〉가 나온다.

〈그림 19〉는 번호와 비밀번호, 그리고 인터넷상의 확인번호를 입력하는 창이다. 입력 후 이런저런 조건에 동의한다는 동의를 클릭하면 〈그림 20〉 화면이 뜬다. 〈그림 20〉에서 성명과 계좌를 확인할 수 있다.

<그림 17> 공상은행 초기화면

<그림 18> 공상은행 보안키

ICBC 中国工商银行 个人网上银行 金融@家

为了保证正常使用个人网上银行，我们建议您将计算机屏幕分辨率调整为1024×768或以上。如果您的计算机上已经能够正常使用个人网上银行，可直接 登录 。如果您是第一次使用我行个人网上银行，建议您按照以下操作步骤调整您的计算机设置。

第一步：下载安装安全控件

请下载安装个人网上银行控件，该控件将更好地保护您的计算机安全。

第二步：安装工行根证书

若您是第一次登录个人网上银行，计算机将会有安全提示从Personal ICBC CA中颁发根证书，该根证书用于您认证工商银行的网站，请您点击"是"，这表示您接受工商银行的个人网上银行服务。

如果您尚未申请我行的个人客户证书，并且已经完成上述计算机设置步骤，请直接 登录 个人网上银行。如果您希望申请个人客户证书，请到工商银行网点办理，咨询电话：95588。

如果您已经申请我行的个人客户证书，请再按照如下两个步骤设置证书使用环境。

第三步：安装证书驱动程序

请根据您持有的证书类型，选择安装相应的证书驱动程序：

金邦达USBKEY	捷德USBKEY	华虹USBKEY
证书驱动 安装说明	证书驱动 安装说明	证书驱动 安装说明
证书驱动 安装说明		

★ 证书安装系统要求
操作系统：Windows 98、Windows 2000、Windows XP
操作系统语言：简体、繁体、英文
IE浏览器：Internet Explorer 6.0及以上版本

第四步：下载个人客户证书

当您安装完毕相应的证书驱动后，在正式使用个人网上银行其他功能之前，请首先 登录 个人网上银行，进入"客户服务"功能，在"个人客户证书自助下载"栏目中下载您的个人客户证书到U盾中。

通过以上的步骤，恭喜您已经完成了个人网上银行的系统设置，请点击 登录 按钮登录个人网上银行。

✓ 下次不再提示此页面 确定

<그림 19> 계좌 및 비밀번호

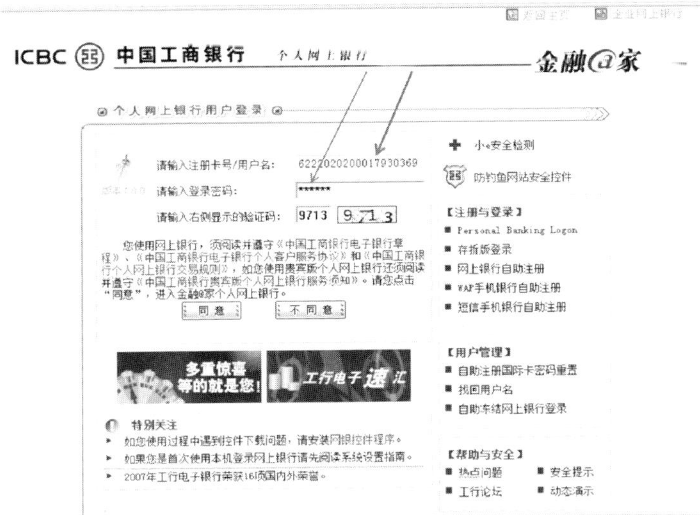

<그림 20> 계좌확인

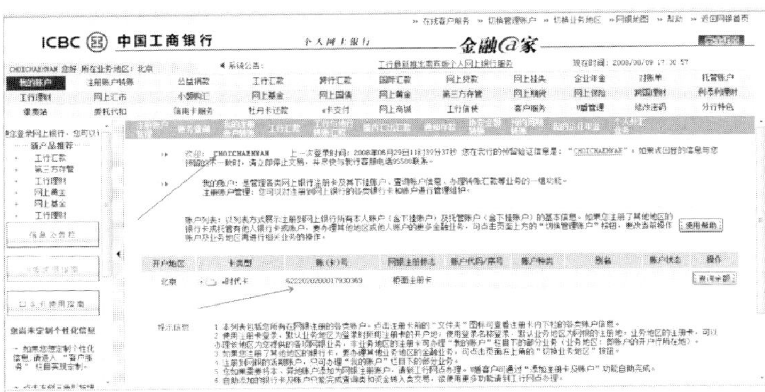

다시 내 구좌(我的帐号)를 클릭하면 〈그림 21〉과 같이 인민폐로 남아있는 잔액을 보여 준다.

<그림 21> 금액확인

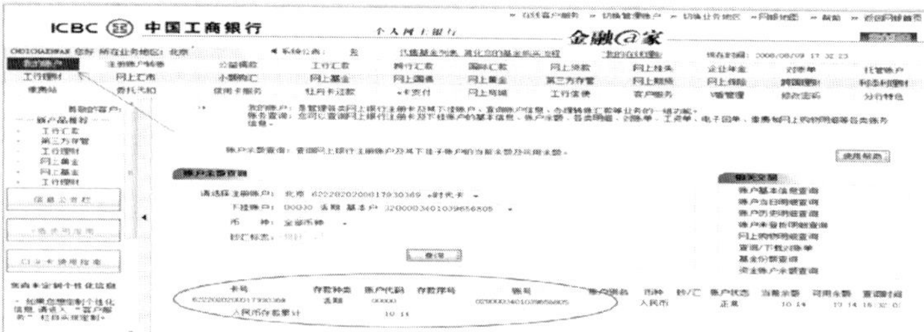

(2) 한국의 은행으로 송금하기

인터넷 외환시장(网上汇市)을 들어가면 〈그림 22〉와 같이 환율조회가 가능하다. 〈그림 23〉에서는 국가의 선택이 가능하다.

<그림 22> 환율조회

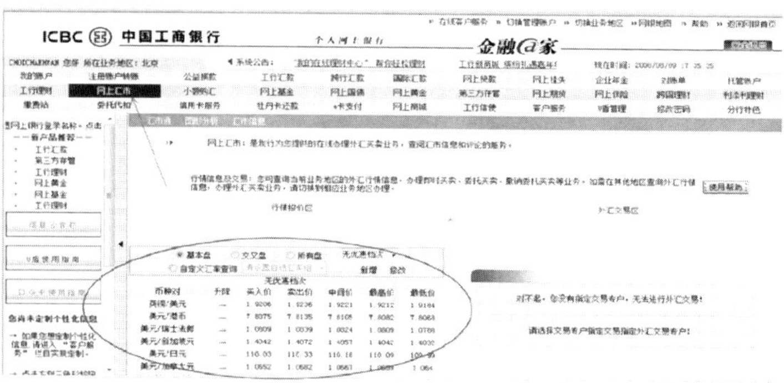

<그림 23> 국가선택

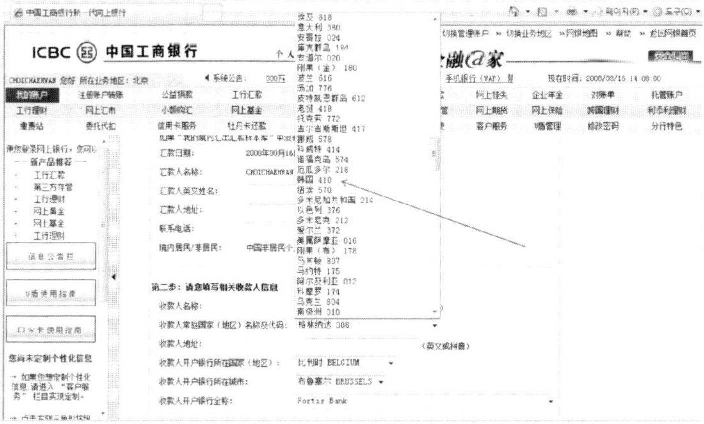

다음 〈그림 24〉에서 한국에 있는 은행을 선택할 수 있다. 산업은행을 비롯해서 한국의 모든 은행들이 다 등록되어 있다. 그러나 사전에 반드시 준비가 되어야 할 것은 한국의 은행에 계좌를 개설할 때 중국인민폐의 입금이 가능하도록 외환입금이 가능한 통장을 개설하여야 할 것이다.

<그림 24> 은행선택

다음으로 〈그림 25〉에서와 같이 송금할 화폐를 선택한다. 중국인민폐로 잔액이 있으므로 중국인민폐로 한국의 통장으로 보내서 한국에서 인출하면서 환전 수수료를 내는 것이 국가적으로도 이익이다. 인민폐를 달러로 보낸다면 환전이 일어나고 수수료가 나갈 수 밖에 없기 때문이다.

<그림 25> 화폐선택

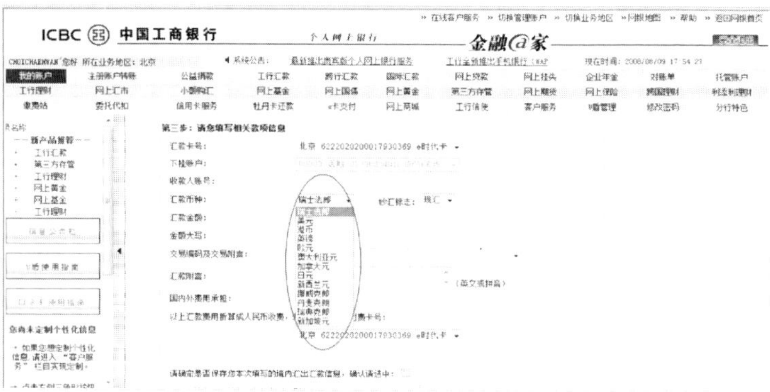

〈그림 26〉은 중국에서 한국의 통장으로 송금함에 있어서 송금의 목적을 선택하는 난이다. 이때 주의 할 것은 송금 목적이 잘못 선택되면 세금이 부과된다. 예를 들어 과실송금을 한다고 하면 세금이 부과될 것이고 누적 금액을 주시하고 있을 것이다. 중국인의 도움을 받아서 학자금 송금이든지 송금 목적을 비과세 항목으로 될 수 있는 것을 선택하도록 한다.

<그림 26> 송금목적 선택

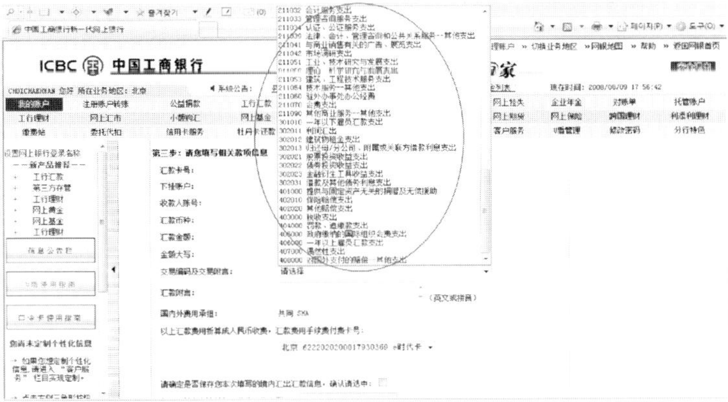

제5장 타오바오에서의 마케팅 전략

1. 타오바오 광고

타오바오에서는 입점비 수수료를 안받는 대신에 광고수익을 주로 하고 있다. 인터넷의 특성상 많은 사람이 모이고 거래가 커지면 파생되는 수익원은 다양하다. 개인 판매자가 타오바오에서 판매를 하면서 광고를 하는 방법은 타오바오직통차(淘宝直通车)라는 것이 있다. 초기에 700 위엔의 돈을 입금하여 광고비로 담보한 후에 클릭당 광고비를 0.1원씩이든 0.01원씩이든지 판매자가 정하는 것이다. 그러면 클릭당 이 광고비가 차감되어 간다. 당연히 고객은 0.01원보다 0.1원을 선호할 것이고 광고도 신속히 될 것이다. 어느 쪽이 더 효과적인가는 판매자가 판매액과의 상관관계를 보면서 결정해 나가야 할 것이다.

상품만 올려놓고 그냥 기다리기만 해서는 고객한테 노출이 매우 어렵다. 매장을 개설 했다면 최소한 이런 광고는 시도해 봐야 할 것이다.

2. 알리마마 광고

타오바오의 자회사로서 광고를 맡고 있는 알리마마에의 광고도 판매자가 결정하는 광고이다. 상품이 판매되었을 경우 판매대금에서 몇%를 주겠다는 광고비 약속을 하는 것이다. 통상 1% - 5%의 광고비를 걸고 한다. 그러면 알리마마는 이 상품을 팔기 위해 광고할 수 잇는 여러 사이트에 광고를 하게 되고 약속된 수수료를 알리마마가 가져간다.

결국 1% 광고비를 건 상품보다 5% 광고비를 건 상품을 많이 팔려고 노력할 것이고 가장 앞에 가장 많이 노출하려고 노력할 것이다. 입점비와 수수료가 없다는 것은 무엇으로 이익을 추구하는가를 잘 살펴보고 판매자는 이것을 가장 유리하게 이용하는 지혜가 필요하다.

3. 돈 안드는 마케팅 방법을 찾자

광고의 목적은 최소의 경비로 최대의 효과는 내는 것이다. 인터넷으로 세상이 좁아 질수록 중국같이 폐쇄사회에서 인터넷이 돌파구인 사회에서는 더욱더 입에서 입으로의 전파가 가장 무섭다. 이 구전 마케팅(Mouth Communication)은 돈은 안 들거나 적게 들고 효과는 크다. 어떻게든지 이 입소문을 내도록 노력하는 것이 최선의 돈 안드는 마케팅이다.

실제로 리바이스에서 미국 동부지역에서 와이드스크린 80개에 실제 청바지를 밤중에 집어넣어서 광고판을 꾸민 적이 있다. 엄청남 고가의 청바지를 평생 사볼 엄두를 못 내는 빈민가 청년들이 당연히 와이드 스크린을 다 부수고 청바지를 꺼내 갔다. 이튿날 아침 80개의 와이드 스크린이 모두 부서진 현장에서 CNN, ABC, MBC 등의 방송사는 하루 종일 뉴스를 한다. "80장의 청바지가 하루도 못가서 다 없어졌다" 고. 결국 리바이스사는 겨우 청바지 80장으로 수백반불, 수천만불의 광고 효과를 거둘 수가 있었던 것이다.

중국의 QQ는 우리나라 세이클럽과 흡사한 커뮤니티 사이트이다. 명함에 QQ를 새기고 전화번호와 함께 QQ번호를 물어볼 정도로 MSN을 추월한 세계 최대의 인터넷 메신저 사이트이다. 이런 사이트에서 직접 간접으로 대화를 하고 입소문을 내서 돈 안드는 마케팅을 하려는 노력이 필요하다.

제6장 직접판매를 위한 방법

1. 한국에서 직접 판매

어느 정도 중국어가 가능하거나 가족 중에서 중국어가 가능한 사람이 있을 경우에 한국에서 직접 타오바오에 판매를 시도해 볼 수 있다. 이 경우 일의 진행순서는 다음과 같다. 이 경우에도 담보를 위하여 중국인의 도움은 반드시 필요하다.

첫째, 중국 내에 은행 구좌를 개설하고 중국인의 도움을 받아서 보증서를 받고 여권을 복사하여 타오바오에 직접 가게를 낸다. 통장은 회사의 경우에 타오바오에서 한국의 구좌로 바로 송금해주는 서비스가 가능하다. 그러나 이 경우 관세, 환전 수수료 등 모든 공식적인 세금이 나가게 됨으로 수익이 많이 줄어들 것이다. 따라서 개인의 경우에는 무관세로 보따리 장사를 하듯이 간단하게 시작해 보기를 권하고 싶다.

둘째, 한국에서 상품을 올리고 중국의 소비자가 구매한다.

셋째, 즈푸바오에서 구매확인 즉 입금 확인을 하고 한국에서 상품을 EMS보 보낸다.

넷째, 일정 기간 후에 즈푸바오에서 통장으로 이체를 해주는 것을 체크한다.

다섯째, 누적된 상품 대금을 인터넷 뱅킹으로 한국의 통장에 인민폐로 이체하든지 중국 내에서 상품 구매 시 물대로 사용한다.

2. 중국 Agent 활용 방법

한국에서 중국 타오바오를 통해서 중국 소비자에게 직접 판매를 한다고 해도 결국은 중국이 시장이고 중국인이 현지인이다. 한국에서는 상품의 컨텐츠와 상품 공급을 하고 판매관리와 고객관리는 중국에서 하는 것이 바람직한 구도이다. 이 경우 일의 진행 순서는 다음과 같다.

첫째, 중국 내에 은행 구좌를 개설하고 에이전트를 하기로 한 중국인의 도움을 받아서 보증서를 받고 여권을 복사하여 타오바오에 가게를 개설한다. 에이전트에 대한 조건은 처음에는 판매분에서 몇% 수수료를 주는 방식으로 하는 것이 유리하고 수억 수십억 등의 매출 규모가 되면 정액으로 주는 것이 유리할 것이다. 한국에서 오픈몰의 수수료가 10%를 넘는 것을 생각하면 이 수수료를 준다고 생각하고 이것을 활용하여 에이전트를 쓴다고 생각하면 마음 편할 것이다. 이 경우에도 반드시 타오바오 결제 구좌는 본인 명의로 만들고 인터넷 뱅킹으로 계좌를 이체할 수 있는 공부는 해야 할 것이다.

둘째, 한국에서 사진을 찍어서 보내고 중국에서 타오바오에 사진과 상품설명을 올린다.

셋째, 중국의 소비자가 구매하고 상품대가 입금되면 한국에서 즈푸바오에의 입금 확인을 하고 한국에서 상품을 EMS보 보낸다.

넷째, 일정 기간 후에 즈푸바오에서 통장으로 이체 된 것을 확인하고 에이전트에게 약속한 수수료를 인터넷 뱅킹으로 송금한다.

다섯째, 판매자 통장에 누적된 상품 대금은 인터넷 뱅킹으로 한국의 통장에 인민폐로 이체하든지 중국 내에서 상품 구매시 물대로 사용한다.